SPEAK AMERICAN

文化と言葉のまるわかりガイド
アメリカ人の英語

ディレリ・ボルンダ・ジョンストン 著

伊藤菜摘子 訳

NHK出版

SPEAK AMERICAN:
A Survival Guide to the Language and Culture of the U.S.A.
Copyright © 2000 Random House, Inc.
This translation published by arrangement
with Random House Reference,
a division of Random House, Inc.
through The English Agency (Japan) Ltd.

装幀◎藤田知子

はじめに

　結婚してすぐ、アメリカからロンドンへ移り住むことになった時、自分ではいっぱしの"イギリス英語通"のつもりでした。なにしろ、イギリスの児童文学『ナルニア国物語』や『若草の祈り』を読んで育ちましたし、PBS（全米公共放送網）で放送されたイギリスのドラマシリーズ「ブライズヘッドふたたび（Brideshead Revisited）」だって見ていたのですから。エレベーターは lift、トラックは lorry、もちろんスコーンが何かも知っていました。

　そんな私が、ロンドンで初めてサンドイッチ屋に入って、「チキンサラダ・サンドイッチ」を注文した時のショックといったら！　てっきり chicken salad のサンドイッチが出てくるものと思いきや、目の前に出されたサンドイッチには、チキンとレタスとトマト、それに生のキュウリがほんの数切れずつ入っていたのです（え？と思った方は28ページをご覧ください）。その時、わかりました。私は英語が話せるといっても、イギリス人と同じ言葉を話しているわけではなかったのだと。

★

　この本は、アメリカを訪れたり、アメリカ人と仕事をしたりする中で、私と同じ体験をしているに違いないすべての方のための本です。ヨーロッパやアフリカ、インド、アジア、オーストラリアなどの出身で、今まで母国語または第二言語

として英語になじんできたけれど、ひょっとすると自分の英語はアメリカでは通用しないのかもしれない——そう思い始めた皆さんを対象としています。

　本書では、イギリス英語と対比しながら、アメリカ英語の特徴についてお話ししていきます。また、アメリカではどこで何が買えるのか、チップのわたし方や、必要なものを手に入れるための依頼や質問の表現など、アメリカでの生活に役立つ情報をたっぷり収録しています。

　この本を使っていただければ、きっと自信を持ってアメリカ人とコミュニケートできるようになるでしょう。ただし、ひとつ注意事項を。よく外国人に社交辞令で「私の国にいらっしゃったら、ぜひわが家に寄ってくださいね」などと言うことがありますが、アメリカ人にこれを言うのはやめたほうがいいでしょう。アメリカ人は本当にやってきてしまう人々ですから。

ディレリ・ボルンダ・ジョンストン

CONTENTS ★ ★ ★ ★ ★

はじめに……………………………………………………………3
この本の使い方……………………………………………………7

Chapter 1 アメリカ社会
American Society……………………………9

アメリカは階級のない社会？／ビジネスの現場では／ビジネスレターの書き方／率直さが大事／Have a nice day!／結婚と家族／会話のタブー／政治的に正しい英語／アメリカ社会の単語集ほか

Chapter 2 食文化
Eating and Drinking……………………25

アメリカの食は外食にあり？／注文の多いアメリカ人／ビジネスミール／支払いは誰がする？／ディナーに呼ばれたら／テーブルマナー／アメリカ人とお酒／食文化の単語集ほか

Chapter 3 旅と移動の手段
Getting Around……………………………61

車が主役！／交通標識／高速道路の話／公共交通機関の今むかし／鉄道の旅／空の旅／空港から市内まで／手荷物を預ける／ホテルに泊まる／モーテルとは？／旅と移動の手段の単語集ほか

Chapter 4 休日と休暇
Holidays and Vacations……………93

大好きな祝日！～独立記念日、感謝祭など／アメリカ人の休暇／学校の休暇／旅の計画は自分で／休日と休暇の単語集ほか

Chapter 5 スポーツとレジャー
Sports and Leisure……………………109

アメリカの3大スポーツ～野球、アメリカンフットボール、バスケットボール／テレビは娯楽の王様？／スポーツとレジャーの単語集ほか

★ ★ ★ ★ ★ ★ ★ ★ ★ ★ ★ ★ ★ ★ ★

Chapter 6 アメリカの教育制度
American Education 127

公立校と私立校／小学校・中学校・高校／大学に入る／学位を取る／学費のこと／さまざまな学資援助／学生生活〜寮とアパート、Greek とは？／成績評価には電卓が必要？／教育制度の単語集ほか

Chapter 7 住宅事情
Housing 159

空間たっぷり／アメリカ的な家とは？／ドアがない！／電気の話と電気製品／テレビだらけ／電話事情／ごみ収集／リサイクル／ご近所さんを選ぶ／家を買う・借りる／住宅事情の単語集ほか

Chapter 8 日常生活
Everyday Life 187

お金の話／銀行／小切手の使い方／郵便事情／宅配便／買い物はどこでする？／安売り大好き！／デパートとディスカウントストア／通信販売／衣料品と家庭用品の英語／日常生活の単語集ほか

Chapter 9 計量の単位
Weights and Measures 213

単位いろいろ／温度の単位／紙のサイズ／衣料品のサイズ

チップの話
Tipping 106

アメリカ英語とイギリス英語の基礎知識
The Basics 221

この本の使い方 (訳者注)

　本書は、ロンドン在住のアメリカ人作家によるベストセラー"Speak American"を、一部英語を残しながら翻訳したものです。社会、食文化、スポーツといった9つのChapterごとに、アメリカの日常生活に欠かせない知識を、英語表現とともに解説します。もともとイギリス英語圏の出身者に向けて書かれた本なので、アメリカ英語とイギリス英語の違いについても詳しく学ぶことができます。

★★　3つの「カギ」で予備知識を　★★
　　　　仕入れましょう。

　各Chapterのはじめには、基本的なキーポイントがひと目でわかるよう、3つの「カギ」を掲載しています。

文化を読むカギ　★★★★★★★★★★★★★★★★
アメリカ、またはアメリカ人ならではの特徴や社会事情についてのキーポイントです。

米語・英語の間違いのカギ　★★★★★★★★★★★★
アメリカ英語とイギリス英語の表現や語彙(ごい)の違いの中で、主なものや間違えやすいものをまとめています。

アメリカ英語らしさのカギ　★★★★★★★★★★★★
どんな表現を使えばアメリカ英語らしくなるのか、イギリス英語と比較しながら、実例を紹介します。

★★ 「単語集」を活用しましょう。 ★★

各Chapterの最後には、そのテーマにまつわる語彙を集めた「単語集」を掲載しています。辞書のようにじっくり読んでみるもよし、本文と参照しながら使うもよし、ご自由に活用してみてください。

★★ 米・英の文法のチェックは巻末で。 ★★

巻末の「アメリカ英語とイギリス英語の基礎知識」では、文法やつづりなどについて、米・英の基本的な違いを解説します。

★ 「アメリカ英語」と「イギリス英語」について ★

本書では、アメリカ人がよく使う表現を「アメリカ英語（米）」、イギリスではよく使われるもののアメリカ英語として不自然な表現を「イギリス英語（英）」としています。一部、イギリスで「米」と「英」の両方が使われるものも含まれます。

Chapter 1

アメリカ社会

★★★★★★★★★★★★★★★★★★★★

American Society

アメリカとはどういう国?
アメリカ人とはどんな人々で、
どんな社会に暮らしているのでしょう?
社会習慣からビジネスの作法、
人づき合いの方法や会話のタブーまで、
まずはアメリカ人とアメリカ社会の
基本的な性質からお話ししましょう。

文化を読むカギ

アメリカ人は基本的に**礼儀正しい**人々です。会話では please や thank you、excuse me といった言葉をよく口にします。ただし、ほかの国の人々に比べて謝罪の言葉はあまり言わない傾向があります。面識のない人に呼びかける時には、男性なら Sir、女性なら Madam の短縮形である Ma'am をよく使います。

イギリス人が婉曲的、間接的な表現を好むのに対して、アメリカ人は**直接的な表現**を好みます。たとえば、「いい天気ですね」は、イギリス英語では "The weather's not bad today." という言い方がよくされますが、アメリカ英語では "The weather's nice today." となります。

アメリカ人は相手に対して率直に、飾り気なくふるまおうとします。たとえその人に親近感を持っていなくても、**オープンで親しみやすい態度**をとるのが当たり前なのです。

米語・英語の間違いのカギ

	American	**British**
ありがとう、どうも	Thanks.	Cheers.（口語）
友達	friend	mate（口語）
労働者階級（現場労働者）	blue-collar	working class

性別を特定しない「**人**」を表すのに、従来は he や him を使うことがよくありましたが、最近はできるだけこれを避ける傾向があります。アメリカ英語の話し言葉では、he や him の代

わりに、**they や them を単数名詞として**使います。

 If anyone wants more soda, they can help themselves.

「ソーダのお代わりをご希望の方は、ご自由にお取りください」

あらたまった書き言葉の場合は、**he or she** という表現を使います。

 If anyone wants more soda, he or she can help him or herself.

ただし、こういった文はぎこちない印象になるため、通常は次のように文全体を変えてしまいます。

 Anyone who wants more soda can get it from the fridge. 「ソーダのお代わりをご希望の方は、冷蔵庫からご自由にお取りください」

また、イギリス人は会話で副詞の well や really をよく使いますが、アメリカ人は形容詞の **good** や **real** を頻繁に使います。

「元気？」「元気ですよ」

　米："How are you?" "**Real** good, thanks."
　英："How are you?" "**Really** good, thanks."

アメリカ英語らしさのカギ ★★★★★★

人にぶつかってしまった時や、そばを通る時などに言う「ちょっと失礼」「すみません」は、アメリカでは **"Excuse me."**、イギリスでは **"Sorry."** がよく使われます。

相手にお礼を言われた場合、アメリカ人は必ず**「どういたしまして」「いいんですよ」**と挨拶を返します。最も一般的な表現は、**"You're welcome."** です。

「ありがとう」「どういたしまして」
　米:"Thank you." "You're welcome."
イギリスでは「どういたしまして」の意味で"Cheers."を使う人もいますが、これはアメリカでは使いません。

「お元気ですか?」「ええ、元気です」
　米:"How are you?" "Fine, thanks."
　英:"How are you?" "Not too bad."

「(口語で) どうも、ありがとう」
　米:Thanks.　　英:Ta.
イギリスでも"Thanks."は使いますが、そのほかに"Ta."と言う人もいます。アメリカでは使わない表現です。

アメリカは階級のない社会？

階級のない社会（classless society）と呼ばれるアメリカですが、実際にはそうではないのが現実です（でも、このことはアメリカ人には指摘しないでやってくださいね）。それでも、イギリスなどにあるような、何百年も昔から厳然と続く階級区分がないのは事実です。アメリカは非常に流動的な社会で、成功するだけの能力を持った人、特に経済的な成功をおさめた人なら誰でも、地位と称賛を手に入れられる社会なのです。

アメリカには**WASP（ワスプ ＝White Anglo-Saxon Protestant）**と呼ばれる層があり、長年アメリカの富と権力をにぎってきましたが、WASPでなくても豊かで力のある人々はたくさんいます。それよりも顕著なのは、**ブルーカラー（生産現場で働く労働者 blue-collar）**と**ホワイトカラー（事務労働者 white-collar）**との間の線引きです。これはアメリカのほとんどの地域で、住んでいる場所から余暇に何をするかなど、人々の日常生活に大きな影響をおよぼしています。たとえば、ボウリングやビリヤードはブルーカラーの、ゴルフをしたりオペラを鑑賞したりするのはホワイトカラーの趣味だと考えられています。

> アメリカ社会では家柄よりも財産が階級を分けます。ただし、アメリカ北東部にはごく小さな社交階級が存在します。

おしゃべりで騒々しいアメリカ人

アメリカ人の一般的なイメージと言えば、「声が大きくて騒々しい」「プライベートなことを他人にしゃべりたがる」そん

なところでしょうか。けれども、アメリカ人にとっては、これはごく当たり前のこと。単に**フレンドリーにふるまっているだけ**なのです。外国人がもっとも困惑するのは、アメリカ人が非常にプライベートな話をしてくれたからと言って、親しい友達になるとは限らないという点でしょう。**オープンで率直であること(openness and honesty)** は、アメリカ人の性質のひとつにすぎないのです。遠慮がちで内気な態度は、気取っているか、何か隠しごとでもあるように受け取られてしまいます。

ビジネスの現場では

アメリカ人は一般的に、仕事相手に対して、かなり**くだけた、打ちとけた態度**で接します。取引先や同僚、CEO(=chief executive officer「最高経営責任者、会長」)も含めた上司と、ファーストネームで呼び合うことも珍しくありません。

> 初対面の場合は、いきなりファーストネームで呼ぶのは危険です。相手からファーストネームで呼ぶよう言われるまでは、**肩書き・敬称(title)＋姓(surname)** で呼びましょう。

交渉や商談にもフレンドリーな態度でのぞみますが、仕事そのものについては**非常にシリアス**に考えます。あくまでもビジネスのため、という考え方なのです。また、言うべきだと思ったことは**率直に、遠慮なく**口にします。外国人からすると、直接的すぎる、無礼だ、などと感じるかもしれませんが、アメリカ人というのは、交渉で問題があると感じれば必ずそれを指摘し、相手からなんらかの対応があるものと考えるのです。逆に、相手がいい仕事をした場合には、惜しみなく賛辞を送ります。

ビジネスレターの書き方

ビジネスレターの冒頭には、相手の名前を記すのがきまりです。あまり親しくない相手の場合は、**「肩書き・敬称＋姓」**を記しましょう。

Dear Ms. Jones,　　Dear Dr. Brown,

相手が女性の場合は、Mrs.やMissではなくMs.を使うのが常識です（ただし、本人がMrs.やMissを好むと知っている場合はそれでもOK）。相手の性別がわからない場合には、**Dear Terry Carlson,** のように**フルネーム**を記すこともできますが、できるだけ性別を調べるようにしましょう。

もしもこのTerry Carlsonさんが性別の問題を意識してくれた場合には、あなたへの返事の最後にMr. Terry Carlsonと記して、性別を教えてくれるでしょう。イギリスではこんな場合、**Terry Carlson (Mr)** のように記します。便利なやり方ですが、アメリカではこの方法は使いません。

企業や店への手紙など、相手の名前がわからない場合には、**Dear Sir or Madam**とします。

Dear Sir or Madam:
I am writing to complain about the service I received in your restaurant yesterday.
「拝啓　そちらのレストランで昨日受けたサービスについて申し上げたいことがあり、お手紙させていただきます」

返事の手紙を書く時には、最初に**お礼の挨拶**を述べます。

Dear Mr. Johnson,
Thank you for your letter of July 1.
「ジョンソン様　7月1日付けのお手紙をどうもありがとうございました」

アメリカ社会

ビジネスレターの結びは、**Yours truly,** または**Yours sincerely,** とし、最後にあなたの名前を記します。

Yours truly,
Alan Parks
「敬具　アラン・パークス」

冒頭にDear Sir or Madamと記した場合は、結びを**Yours faithfully,** とするのが正式ですが、Yours sincerely,ですます人が多いようです。特に、問題の深刻さを強調したい時や、こちらの不快感を示したい時には、ただ **Sincerely,** とすることもあります。

率直さが大事

アメリカ人がもっとも理解できないのは、**交渉の時だけ愛想よくyesをくり返すタイプの人間**です。相手が終始にこやかで、こちらに同意しているような様子を見せ、商談がなごやかに進んだ時には、ビジネスが成立したものと考えるのです。交渉後、自分の国に帰ってから不満な点があると言い出すのは、アメリカ人にとっては裏切り行為のようなもの。きわめて不誠実だと感じます。それよりも、交渉時に多少の摩擦が起きたり、時には率直に口論し合うほうが、アメリカ人には受け入れやすいのです。

ビジネスにのぞむ基本姿勢は、**"we-can-do-it"（やればできる）**。仕事上のトラブルにも自信を持ってぶつかっていきますし、仕事相手に対しても、当然同じ態度を求めます。アメリカの職場はとても**競争意識の高い世界**でもあります。この競争心は、子供の頃から学校やスポーツ、課外活動などを通じ

てつちかわれます。

用心、用心！

率直さを好むアメリカ人だからこそ、**人をばかにするようなジョークは嫌い**です。ほかの国では、少々きついジョークも社交として許される場合もありますが、アメリカ人は真に受けて、感情を害してしまうのです。特に、人前でからかわれた場合には、侮辱されたと受け止めます。相手とよほど親しくない限り、不用意なジョークは慎んだほうがよいでしょう。

Have a nice day!

レストランやホテル、商店などのサービス業(service industries)で働く人々は、明るくフレンドリーな態度で仕事をするのが当然だと考えられています。そのため、客に笑顔で、**"Hi, there."**(どうも、こんにちは)とか、**"Have a nice day."**(よい1日を、ごきげんよう)などと、よく声をかけます。こういう接客を少々わずらわしく、嘘っぽく感じる人もいるでしょうが、仏頂面で接客されるよりましなのではないでしょうか。**McJob**と呼ばれる「低賃金労働」でも、従業員は最善の仕事をすることが求められ、客によいサービスを提供することに誇りを持っています。客のほうも、接客がフレンドリーでない場合は、店に苦情を言ったり、チップを少なくしたりすることがあります。

結婚と家族

アメリカの法律は、結婚に関してかなり寛容です。夫婦がもうける子供の数に制限はありませんし、妻が夫の姓に変えなくてはならないという決まりもなく(大多数の女性は変えていますが)、子供につける名前も自由に決めることができます。ひと組の夫婦がもうける子供の数は平均2.4人。**"a couple with 2.4 children"** と言えば、「平均的な家族」(the average family)を意味します。女性の場合は、自分の姓と夫の姓をハイフンでつないで新しい姓にすることもあります。たとえば、Bill Jonesと結婚したSusan Smithは、**Susan Smith-Jones** となるわけです。ただし、子供には父親の姓をつけるのが一般的です。

アメリカの家族事情は現代的で複雑です。結婚したカップルのふた組にひと組が**離婚(divorce)**するため、片親、または継父・継母(stepparents)の家庭はまったく珍しくありません。また、女性のほとんどがフルタイムかパートタイムで働いているため、就学前の幼い子供は昼間の時間をday care(保育所)ですごすことになります。今でも夕食を家族そろって食べることが理想とされていますが、両親の仕事や子供の課外活動(→133ページ「高校」参照)のせいで、そうはいかないのが現状です。

籍を入れないまま一緒に暮らしたり、結婚前に一定期間同棲するカップルも増えています。こうしたカップルは、相手のことをboyfriendやgirlfriend(恋人)ではなく、**partner(パートナー)**と呼ぶ傾向があります。同性のカップル(homosexual couple)が子供を持つケースも徐々に増えてきましたが、ほとんどの場合、性に寛大な大都市に限られます。

「ママ、お母さん」は、アメリカ英語では **Mom** または **Mommy**、イギリス英語では **Mum** または **Mummy** と、つづりが異なります。

会話のタブー

何でもオープンに話したがるアメリカ人ですが、家族や親しい友人以外とは、あまり話題にしたくないと思っていることがらもあります。**宗教（religion）、お金（money）、政治（politics）** などです。

宗教

アメリカへやってきたばかりの外国人が、アメリカ、またはその地域での宗教的な習慣について質問するのはかまいません。しかし、**相手の信仰（belief）を直接たずねるのは非常に無礼**とされます。実際のところ、自分の宗教的背景を他人に話したがるのはコメディアンだけかもしれません。アメリカのお笑いでは、家族の信仰のせいでどんなに悲惨な人生を送るはめになってしまったかが、よくネタにされるからです。

一般にアメリカ人は非常に**信仰の厚い人々**です。また、その信仰はバラエティに富んでいて、全世界のあらゆる宗教の信者がアメリカにいると言っても過言ではありません。もっとも多いのがキリスト教信者で、特に保守系の各派は積極的に政治にかかわる傾向があります。国家宗教というものはなく、**政教分離（separation of church and state）** はアメリカ政府の基本原則のひとつです。

お金

相手の収入や、相手が買ったものの値段をたずねるのは、

アメリカでは悪趣味なこととされています。ただし、**お買い得 (bargain)** が大好きなアメリカ人ゆえ、自分が割安な買い物をした時は、すすんで値段の話をしたがることもあります。

Warning!

企業によっては、自分の給料の額を同僚に教えると解雇されてしまうケースもあります。ご注意!

政治とその他のタブー

ヨーロッパの人々は社会問題について議論を戦わせるのが好きですが、アメリカ人はいったいにそうではありません。自分のコメントがその場にいる全員の考えとほぼ同じだとわかっている場合を除いて、**政治の話を持ち出すのは避けたほうがいい**でしょう。

アメリカのテレビには、一般の人が自分の性の悩みや夫婦の問題をあけすけに話すトーク番組がたくさんありますが、こうした人々は実は少数派なのです。多くの国と同様、アメリカでも**性は非常に個人的なことがら**であり、夕食やパーティの席で話題に出すべきことではありません。

また、人に年齢を聞くのは、相手が子供である場合を除いて、失礼とされています。

政治的に正しい英語

アメリカは **political correctness**——直訳すると「政治的公正さ」——の国として有名です。これは性別（gender）や人種（race）、同性愛か異性愛かという性的傾向（sexual orientation）といった点で差別的にならないよう、言葉を言い換えようと

する慣習のことです。といっても、多くの人はちょっと気配りが必要だと思っている程度で、ふだんの会話でそれほど神経質になる必要はありません。

それでも、言い換え表現の中には、日常のアメリカ英語としてすっかり定着し、もはや当たり前に使われているものもけっこうあります。特に**性差別的(sexist)**と見なされる語には、こうした例がたくさんあります。たとえば、actress(女優)、waitress(ウェイトレス)、mailman(郵便配達人)といった語は今や消えつつあり、**actor**、**server**、**letter carrier** が広く使われています。

白人以外の人種・民族の人々について言う際にも、非常に慎重になる傾向があります。「黒人」(black people)を意味する**African-American**(アフリカ系アメリカ人)のほか、**Asian-American**(アジア系アメリカ人)、**Mexican-American**(メキシコ系アメリカ人)といった語も、いまや日常的に使われています。また、「(身体などに) 障害のある」はhandicappedよりも have a disabilityのほうが丁寧です。

スラング

仕事などフォーマルな状況では言葉に気をつかうアメリカ人ですが、ハリウッド映画を見ればわかるように、かなり**汚い言葉づかいをする(foul-mouthed)**ことも実際あります。それでも、読者の方には、くだけた**俗語(slang)**は、フォーマルでない場所で、特に同席者が不快に思わないとわかっている時だけ使うことをおすすめしたいと思います。

特に、**swear words(ののしり言葉・下品な言葉)**は、公の席では一切口にしないほうが無難ですが、アメリカ英語とイ

ギリス英語では若干の違いがあることを知っていて損はないでしょう。「まぬけ、ろくでなし」を意味するswear wordsは、アメリカ英語ではasshole、jerkなど、イギリス英語にはwanker、tosser、git、pratなどがあります。

Warning!

fannyという語については、米英で意味が違うので注意が必要です。アメリカ英語では「お尻」を意味する、ちょっと古風でおだやかなイメージのスラング。「ウエストポーチ」のことをfanny packと言ったりします。ところが、イギリス英語では「女性器」を意味する侮蔑語なのです。「お尻」はイギリスではbumと言います。

fagも混乱を招きやすい語のひとつ。イギリスでは「タバコ」を意味するおだやかなスラングですが、アメリカでは「同性愛者」を指す侮蔑語です。派生語のfaggot(同じく「同性愛者」の意味)も同じです。

アメリカで通じないイギリス特有のswear wordsには、ほかに**bollocks**(くだらないこと、くず)、**sod off**(出ていく、うせる)、**shag**(セックスする)などがあります。ただし、shagは、映画「オースティン・パワーズ」で使われて以来、アメリカでも広く知られるようになりました。

「くだらない、つまらない」を意味するswear wordsにも、米英で違いがあります。

「あの映画は最低だったよ」

米:That was a really **shitty/crappy/bad** movie.
　　That movie really **sucked**.
英:That was a **shit/crap/shite** movie.

Yankeeとは？

アメリカ以外の国では、アメリカ人をひとくくりに**「ヤンキー」(Yankee)** と呼びますが、アメリカ国内では話が違ってきます。アメリカ国内で言うヤンキーとは、**北部の州の出身者**のこと。この北部の州とは、南北戦争で連邦軍(the Union)に属し、南部連合軍(the Confederates)と戦った州を指します。**南北戦争**自体のことも、北部の州ではthe Civil War、南部の州ではthe War Between the Statesと、呼び方が異なります。南部の州では、「南部以外の州の出身者」をヤンキーと言うこともあります。ただし、南北戦争が起こった1860年代には、西部のほとんどの州はまだ存在さえしていなかったため、西部の地域では、自分たちをヤンキーと呼ぶのはおかしいという意見もあります。また、アメリカ北東部では、ニューイングランド(マサチューセッツ、メーンなどの6州のこと)出身者だけがヤンキーと呼ばれます。

> アメリカ南部の地域には、今でも**南北戦争に対する複雑な感情**が強く残っているため、この話題は持ち出さないほうが無難でしょう。

アメリカ社会の単語集

【Asian】
「アジア人、アジアの」の意味だが、アメリカでAsianといえば、中国や日本、韓国、そしてフィリピンなど東南アジアの国々を指す。インドもアジアの一部だが、「インド人」はpeople from India、または、American Indianと区別してIndian Indianと呼ぶ。一方、イギリスでAsianといえば、インドやパキスタンを指すのが一般的

【blue-collar】
工場などの生産現場で働く労働者。肉体労働(manual work)に従事し、一般に作業服やカジュアルな服装で働く労働者層。イギリス英語ではworking class

【CEO】
(=chief executive officer)最高経営責任者、会長。企業で最高の権限を有する者。イギリス英語ではmanaging director

【day care】
保育所、託児所。親が働いている間、幼児の世話をする施設

【hyphenated American】
外国系アメリカ人。hyphenatedは「ハイフンでつないだ」の意味で、Asian-American(アジア系)、African-American(アフリカ系)、Latino-American(中南米系)など、北ヨーロッパ系でないアメリカ人を指す。やや差別的なニュアンスがあるので、minorityまたはethnic Americanと言うほうがよい

【Indian】
インド人、インドの(もの)

【jerk】
《スラング》ばか、まぬけ、むかつくやつ

【McJob】
(サービス業での)低賃金労働

【Native American】
アメリカの先住民族。American Indianとも言う。先住民の中には、誇りとアイデンティティーを持って自らをIndianと呼ぶ者もいる

【suck】
《スラング》最低だ、最悪だ、ひどい

【WASP】
(=White Anglo-Saxon Protestant)アングロサクソン系白人新教徒、ワスプ。アメリカ社会で昔から上流階級を形成してきた階層

【white-collar】
事務労働者。肉体労働を含まない労働に従事し、スーツなどビジネス用の服装で働く労働者層のこと

Chapter 2

食文化

★★★★★★★★★★★★★★★★★★★★★★

Eating and Drinking

食文化

アメリカ料理と聞いて
まず何を思い浮かべますか?
ハンバーガー、ピザ、ホットドッグ…。
実は、それらはアメリカの食文化の
ほんの一端でしかないのです。
世界の多彩な文化を取りこみ、
ありとあらゆる選択肢を誇る
アメリカの飲食の世界へ、ようこそ。

文化を読むカギ

レストランなどで料理を頼む時、アメリカ人は非常に**細かい注文**をします。出されたものが自分の注文どおりでなかった場合には、遠慮なく苦情を言ったり、料理を取り替えてもらったりします。こうしたふるまいは、特に失礼にはあたらないのです。

米語・英語の間違いのカギ

	American	British
オードブル、前菜	appetizer	starter
メインディッシュ、主菜	entrée	main (course)
デザート	dessert	pudding / sweet
勘定書き、おあいそ	check	bill
持ち帰り用の料理	a takeout	a take-away
カフェテリア、軽食堂	cafeteria	canteen
クッキー	cookie	biscuit
パンケーキ、ホットケーキ	pancake*	crêpe
ポテトチップス	chips	crisps
ナイフ・フォークなどの金属食器	silverware / flatware	cutlery
(ハンド)ミキサー、電動泡立て器	mixer	electric whisk
フライ返し、へら	spatula	fish slice
(オーブンの)天火、放熱部	broiler	grill
水差し	pitcher	jug

(据え置き型)ミキサー、ジューサー
　　　　　　　　　　blender　　　　　liquidiser
(あめ、チョコレートなどの)甘い菓子
　　　　　　　　　　candy　　　　　　sweets
缶、缶詰　　　　　　can　　　　　　　tin
ミルク入りコーヒー
　　　　　　coffee with milk or cream　　white coffee

＊アメリカ英語のpancakeは厚みのある「ホットケーキ」のこと。フランス式の薄い「クレープ」はアメリカ、イギリスともcrêpeと呼ぶ。

　アメリカ人は、ほとんどの食べ物や飲み物を**数えられないもの**と考えます。たとえば、イギリス英語では**a coffee**と言うのに対して、アメリカ英語では**some coffee**と言います。

「アイスクリームを食べよう」
　米：Let's get **some** ice cream.
　英：Let's get **an** ice cream.

「そこは町で一番おいしいピザ屋です」
　米：They make the best **pizza** in town.
　英：They make the best **pizzas** in town.

これ以外にも、米英で異なる表現はたくさんあります。

「昼食に持ち帰り用のサラダを注文した」
　米：I got a **takeout** salad for lunch.
　英：I had a **take-away** salad for lunch.

「こちらでお召し上がりですか？　お持ち帰りですか？」
　米：Would you like that for here or to go?
　英：Is that to eat in or take away?

食文化

「マッシュポテトはいかがですか?」
   米:Do you want some mashed potatoes?
   英:Do you want some mash? (やや古い表現)

saladという語も微妙です。アメリカ英語では「サラダ」の意味だけですが、イギリス英語では**「サンドイッチに入れる(レタスやトマト、キュウリなどの)野菜」**という意味もあります。

「サンドイッチにレタスとトマトを入れてください」
   米:I'd **like lettuce and tomatoes** on my sandwich, please.
   英:I'll have **salad** on my sandwich, please.

アメリカ英語らしさのカギ ★★★★★★

「食事に行く、外食する」を、イギリスではよくgo out for a mealと言いますが、アメリカではgo out for breakfast / lunch / dinner(朝食、昼食、夕食)とそれぞれ特定して言うのがふつうです。

大切な「食」だからこそ…

私の経験上、「飲食」は言葉や習慣の違いがもっともはっきり表れるものです。それに、みなさんがアメリカに旅行したり滞在したりすれば、1日に3回はかかわることになるテーマでもあります。まずは、みなさんがもっともひんぱんにする「外食」から始めることにしましょう。

アメリカの食は外食にあり？

アメリカ人は**よく外食をします**。理由は、手ごろな値段で簡単に食事ができるから。アメリカのほとんどの都市には、おなじみのファーストフード店から食べ放題(all you can eat)の軽食堂、エスニック料理店まで、さまざまな選択肢があります。エスニック料理店は大都市のほうがたくさんありますが、どんなに小さな町でもイタリア料理と中国料理、メキシコ料理の店はたいがいあります。**外国の食文化**は、アメリカ人のふだんの食生活にも大きな影響を与えています。

食生活は文化のるつぼ(melting pot)

外国の影響といえば、筆頭は**フランス**、これは認めざるをえないでしょう。なんと言っても、いわゆる「高級料理」(high cooking。レストラン評でよく目にする言葉。フランス語ではhaute cuisine)を定義したのはフランス人ですし、アメリカのレストラン用語やメニューの単語には、フランス語からの借り物がたくさんあるのです。

たとえば、高級レストランの「給仕長」(head waiter)を意味

する**maître d'**(発音は[メイターディー])。もとのフランス語はmaître d'hôtelですが、なぜかd'で止めたこの形がよく使われます。また、「ソムリエ」は**sommelier**(イギリス英語ではwine stewardとも言う)です。

　高級レストランだけでなく、カジュアルなレストランもフランス語から来た言葉でいっぱいです。調理法やソースの名称はもちろん、「主菜、メインディッシュ」を意味する**entrée**(フランス語では「前菜」の意味ですが)、「一品料理」を意味する**à la carte**など。最近では、ちょっといいレストランで「定食、コース料理」(**prix fixe menu**。prix fixは英語でfixed-priceの意味)を出すようになりました。アメリカ人にとっては、以前はヨーロッパ旅行でしかお目にかかれなかったものです。お客に選択肢がないなんて、本当はアメリカらしくないのですが。

　アメリカの食に影響をおよぼしているのはフランスだけではありません。**イタリア**や**ドイツ**、**東ヨーロッパ**の料理は、100年近く前からアメリカ文化の一部となっています。pasta(パスタ)やschnitzel(シュニッツェル。カツレツのこと)、bagel(ベーグル。ユダヤ風パン)、knish(クニッシュ。ジャガイモや肉などをつめたユダヤ風揚げパン)は、アメリカ人なら誰でも知っています。また、それ以降の移民によって、tortilla(トルティーヤ。メキシコのパン)やgyoza(ぎょうざ)、gyro(ジャイロ。ギリシャ風サンドイッチ)といった新しい語彙も加わりました。メニューを見ても、実際に料理を見せてもらうか、**server**(給仕人。ウェイターまたはウェイトレスのこと)に説明してもらわなければ、いったいどんな料理なのかわからないことも多々あります。

> 質問された給仕人は、喜んで詳しく説明してくれますが、早口で聞き取れないこともあるでしょう。そんな時には遠慮なく、
> **"I'm sorry, could you say that again more slowly, please?"**
> 「すみませんが、もう一度もっとゆっくり言ってもらえますか」
> と言いましょう。

注文の多いアメリカ人

レストランなどで料理を頼む時、アメリカ人は非常に**細かい注文**をします。ダイエット中の人や食物アレルギーのある人も多いため、たとえばコーヒーに入れるミルクは **2% milk**(乳脂肪分2%の低脂肪牛乳)、ベーグルに塗るクリームチーズは**nonfat**(乳脂肪分ゼロ)、サラダのドレッシングは**on the side**(別添えで)といった具合です。店側も、食材の変更や代わりの料理のリクエストに気軽にこたえてくれます。ただし、若干の追加料金がかかることもあります。

アメリカのレストランで料理を注文するのは、初体験の客にはなかなか大変なことかもしれません。メインディッシュにはふつう、野菜やポテトなどの**つけ合わせ(side)**がつきます。そこで、給仕人は次から次へと質問をくり出すことになります。

"Soup or salad?"「スープとサラダ、どちらになさいますか?」

"Baked potato, fries, or rice?"「ベークドポテトとポテトフライ、ライスのうち、どれがよろしいですか?」

"What dressing would you like with that? Italian, blue cheese, French, ranch, honey mustard?"「サラダのドレッシングはイタリアン、ブルーチーズ、フレンチ、ランチドレッシ

ング(サワークリームのドレッシング)、ハニーマスタードがございますが?」

　選択肢が多いという意味で、もっとも気が重いのは**朝食**でしょう。朝から頭を使うのが苦手な人は、朝食を店で食べるのはやめたほうがいいかもしれません。卵とベーコンを頼むだけじゃないかと思うでしょうけれど、アメリカではそう簡単にはいかないのです。卵ひとつとっても、scrambled(スクランブル、いり卵)、fried(目玉焼き)、over easy(両面焼き半熟)、sunnyside up(片面焼き)、poached(ポーチドエッグ、落とし卵)、soft-boiled(半熟ゆで卵)など、たくさんの選択肢があります。卵が決まったら、次はパンです。white(白パン)、whole-wheat(全粒粉のパン)、rye(ライ麦パン)、bagel(ベーグル)、muffin(マフィン)、tortilla(トルティーヤ)……。

> アメリカ人は、料理の量が少ないと払ったお金に見合わないと考えるため、レストランではたいがい**大量の料理**が出てきます。注文のしすぎにはくれぐれもご注意を。もしも料理が残ってしまったら、**ドギーバッグ(doggy bag)**の登場です。これは、食べ残しを持ち帰り用に包んでもらったり、箱詰めしてもらうこと。ドギーバッグを頼むことは、まったく恥ずかしくないどころか、むしろすすんでやるべきことなのです。

　といっても、一般のアメリカ人は、たっぷりした朝食やブランチ(brunch。朝昼兼用の食事)は週末だけで、家庭での平日の朝食は、コーヒーとジュース、それに**シリアル(cereal)**またはマフィンなどのパンといった、ごく軽いものですませるのがふつうです。昼食もあっさりしていて、サンドイッチやスープ、サラダなどが定番です。

　一日の主な食事は夕食。アメリカ人の大多数は、夕方5時から7時ぐらいまでの比較的早い時間に夕食をとります。外

食する場合や大きな都市では、もっと遅い時間にとる傾向があります。

> **dinner**はよく「夕食」の意味で使われますが、「一日の主な食事」という意味もあります。**supper**は単純に「夕食」の意味で、家庭で食べる夕食、または軽めの夕食を指します。昼に**dinner**をとることの多い日曜日は、夜はごく簡単に**supper**ですませるのが一般的です。

サンドイッチとサラダ

サンドイッチ(sandwich) を発明したのはイギリス人ですが、サンドイッチ作りを芸術の域にまで高めたのはアメリカ人です。イギリスではよく、ビニールで包装された出来合いのサンドイッチが売られていますが、これはアメリカ人の考えるサンドイッチとは別物です。昼食にサンドイッチをとると言えば、家庭で手作りするか、レストランや**deli(デリ、惣菜店)** で注文して作ってもらうことを意味します。サンドイッチに「具や調味料を入れる」ことを**dress**と言いますが、店で頼む時にはdressのしかたについて非常に細かく注文します。

> サンドイッチのパンに塗るもっとも基本的な調味料は、イギリスではバターかマーガリンですが、アメリカではマヨネーズとマスタードです。また、イギリス英語では、レタスやトマト、キュウリなど**サンドイッチに入れる野菜**のことをsaladと言い、「サンドイッチに**salad**を入れてください」と言いますが、アメリカでは「レタスとトマトを入れてください」などと言わなければ通じません。(→28ページ「米語・英語の間違いのカギ」参照)
>
> サンドイッチのつけ合わせとしては、イギリスでは生のキュウリが多いですが、アメリカでは**sweet pickles**(砂糖入りの甘酸っぱいピクルス)か**dill pickles**(ディルなどのハーブで漬けたピクルス)が一般的。イギリスで**pickle**と言えば、いろいろな野菜を甘辛く漬

食文化

け込んだソースのこと。アメリカでは、このソースのうち、主にキュウリでつくったものを**relish**と言います。イギリスでおなじみの**chutney**（チャツネ。果物の漬物）は、アメリカ人は知識としては知っているものの、口にする機会はめったにありません。

昼食の定番としてもうひとつ、サラダバー（salad bar）があります。膨大な種類の野菜やサラダをカウンターなどに並べ、客が自由にとる形式で、多くのレストランやデリでこのサラダバーをもうけています。

ビジネスミール

アメリカでは、**仕事の打ち合せ（business meeting）**を食事の時間に設定することがよくあります。わざわざ食事の後まで待つのは時間のむだですし、食卓で仕事の話をすることを無作法とは考えないためです。こうした**仕事のための食事**を**business meal**と言います。朝食の場合は午前中の早い時間に行われ、だいたい1時間以内と決まっています。昼食の場合は1時間半から2時間以内で、お酒はふつう飲みません（→37ページ「アメリカ人とお酒」参照）。夕食の場合は社交的な意味合いが強くなるため、お酒も1、2杯なら許されますが、かなり早い時刻に終わります。仕事の後のプライベートな時間を大切に考えるからです。

支払いは誰がする？

招待する側とされる側がいるような食事、特に仕事の接待の場合には、招待（接待）する側が**勘定を払い（pay the check）**ます。親しい友人同士であれば、**「割り勘」（going**

Dutchまたは**splitting the check**)がふつうです。合計額を人数で均等に割る方法のほか、自分が食べたぶんだけを払う方法もあります。公平さ(fairness)を重んじるアメリカ人にとって、これはごく当たり前の感覚。サラダしか食べていないなら、ほかの人のステーキまで支払う必要はない、というわけです。ただし、ビジネスミールで割り勘にする場合は、自分が食べた額だけ払うのではなく、合計を均等割りするほうが礼儀にかなっています。

ディナーに呼ばれたら

個人の家のディナーに招待された時に、必ず覚えておくべきこと。それは、たとえ嫌いな料理でも、出されたものは**好きなふりをしなければならない**、ということです。もちろん、前もって招待者(host)に"I'd love to come, but I'm a vegetarian. Will that be a problem?"(ぜひうかがいたいけれど、私はベジタリアンなんです。それでも大丈夫でしょうか?)と聞いたり、なんらかのアレルギーがあれば伝えておくことはかまいません。しかし、単に好き嫌いだけで料理に手をつけないのは失礼です。ひと口ふた口ぐらいは食べてから、ほかの料理のお代わりをいただくようにしましょう。

ディナーに招待されたら、**花かワイン**を手土産に持っていくのが一般的です。ただし、招待者がお酒を飲まない人だったり、ワインの趣味が合わない可能性もあるので、花のほうが無難かもしれません。ワインを持っていった場合は、招待者はふつう、ディナーの席でそのワインを開けます。招待者へのプレゼントにしたい時には、**"For you, for whenever you want."(何かの機会にどうぞ)**と言います。

出された料理が特に気に入った場合、最大のほめ言葉（compliment）は、その料理の**作り方（recipe）**をたずねることです。

個人の家のディナーは、**family style(大皿盛り)**で供されることが多いもの。これは、料理を山盛りにした大皿をテーブルの真ん中に並べて、客が自分でとって食べる形式です。テーブルマナーについては、レストランほど堅苦しく考える必要はないですが、たとえほかにマナーの悪い客がいたとしても、できるだけマナーにかなった食べ方を心がけましょう。

帰りがけには、必ず招待者にお礼を言います。アメリカにしばらく滞在している場合には、その招待者を、今度は自分のディナーパーティに招待するとよいでしょう。パーティの数日後にthank-you notes（礼状）を出す人もいますが、必ず出さなくてはならないというものではありません。

テーブルマナー

アメリカの一般的な**テーブルマナー（table manners）**をまとめてみました。ほかの国のマナーとはちょっと違うものもあるようですが……。

- 同席者全員に料理が出されるまでは食べ始めないこと。ただし、まだ料理が来ていない人が「冷めないうちにどうぞ」と言ってくれたら、お言葉に甘えましょう。
- ワインが出る場合も、全員のグラスに注がれるまで待ってから飲みましょう。
- 右利き（right-handed）の場合、料理は右手を使って食べま

す。ナイフで料理を切った後、皿の端にナイフを置き、フォークを右手に持ち替えてから食べます。
- 右手で食べている間は、左手はひざの上に置くか、前腕をテーブルの端に添えます。**ひじをつくのは厳禁**です。
- 食べ終わったら、皿を下げてもいいという合図として、フォークとナイフを皿にそろえて置きます。
- 皿に口をつけて飲んだり、皿をテーブルから持ち上げたりしないこと。
- 音を立てないよう気をつけて食べましょう。
- ものをかむ時には口を閉じます。口に食べ物を入れたまま話をしないこと。
- **げっぷ(burp)**をしないよう気をつけましょう。うっかりしてしまったら、必ず"Excuse me."と言います。
- 禁煙席ではタバコを吸ってはいけません。また、喫煙席であっても、同席者が全員食事を終えるまではタバコは控えましょう。

アメリカ人とお酒

　平均的なアメリカ人にとって、**飲酒は仕事以外の時間や場所でするもの**です。お酒は人とのつき合いの場面に必ずと言っていいほど登場しますが、飲むことが目的ではありません。友人や仕事仲間と顔を合わせ、会話をするための口実にすぎないのです。アメリカ人の飲酒量は、以前よりも大幅に減ってきています。イギリスでは平日のランチにお酒を飲む人もいますが、これはアメリカでは好ましくないこととされています。

　お酒を出す店といえば、まず**バー(bar)**ですが、ほかにレストランやナイトクラブ、**ワインバー(tavern)**やスタジアム

なども酒類販売の認可を持っています。店のタイプによって、お客がカウンターに行ってバーテンダー(bartender)に直接注文する店と、テーブルで給仕人に注文する店とがあります。アメリカ人はカクテルが大好き。バーテンダーは膨大な種類のカクテルを作ることができます。

飲酒については、アメリカ人は非常に厳格に考えます。注意点をふたつ紹介しましょう。

Warning!

その1「パスポートを携帯すること」
バーに行ったり、店でお酒を買ったりする時には、21歳以上であることを示す**身分証明書(ID=identification)**を携帯しましょう。若く見えるお客には、バーテンダーや店員がIDの提示を求めることがあります。その場合、もしIDを持っていなければ、バーから出ていくよう言われたり、お酒を売ってもらえないことになるのです。この場合のIDには、顔写真と年齢の記載が必要です。

Warning!

その2「飲んだら乗るな」
飲酒運転(drunk driving)が違法なのは世界共通。イギリスではお酒の強さを「単位」(unit)で表し、許容される飲酒量は単位によって決まっていますが、アメリカにはそうした習慣はありません。また、お酒の容器にもアルコール度数が印刷されていないのがふつうです。酒気帯びと見なされるアルコール度数は州の法律によ

って違いますが、違反者には**非常に厳しい罰則**が適用されることも。つまり、アメリカで車を運転する時には、とにかく1滴も飲まないほうが賢明です。バーなどで酒をまったく飲まず、同伴者を車で家まで送り届けることのできる人を**designated driver（指定ドライバー）**と言います。指定ドライバーには無料でソフトドリンクを提供するバーもありますので、バーテンダーにひと言伝えておくといいでしょう。

アメリカのビールはだいたい弱く、アルコール度数は4％前後です。バーで売られているビールには、**longneck**と呼ばれる**瓶入りのビール**と、種類は少ないですが**生ビール（draft beer）**があります。生ビールは半パイント・(pint)入りのグラスか、1パイントジョッキ、または4〜5パイント入りのピッチャーで出されます。ただし、アメリカとイギリスでは1パイントの分量が若干違います。（→214ページ「文化を読むカギ」参照）

従来アメリカのビールはとても飲めないような代物でした。しかしここ最近は、地ビールメーカー（microbrewery）や自家醸造ビールを出すパブ（brewpub）が増えたこともあり、かなりおいしいビールが出てきています。また、アメリカ全土で増えつつあるアイルランド・パブやイングランド・パブでも、上質のビールが味わえます。

ノンアルコール・ドリンク

確かにアメリカ人の飲酒量はほかの国より少なめですが、

それを補ってあまりあるほど大量の**炭酸飲料(soft drink)**を消費しています。「炭酸飲料」を意味する単語は地域によって違います。アメリカ北東部では**soda**、中西部や西部では**pop**、南部では**cold drink**と言います。市販されている炭酸飲料の種類は膨大で、糖分ゼロのダイエット版(diet version)もあります。ちなみに、イギリス英語で炭酸飲料はfizzy drinkと言います。

アイスティー(iced tea)も人気のある飲み物です。レストランで注文すると、別添えで砂糖とレモンがついてくるのがふつうですが、南部の地域では最初から砂糖がたっぷり入って出てきます。

アメリカでもっともよく飲まれているものと言えばコーヒーでしょう。ただし、ヨーロッパ式の濃いエスプレッソではなく、電気コーヒーメーカーで薄めにいれたコーヒーを、一日中何杯も飲むのがアメリカ流です。ただし最近は、濃いめのコーヒーを出す**コーヒーショップ(coffee shop)**の人気が高まっています。こうした店では商品の名前にイタリア語を使っています。たとえば、ミルクを入れたエスプレッソはlatte、泡立てたミルクを入れたエスプレッソはcappuccinoといった具合です。

ホットティーはあまり飲みません。店で出てくるホットティーは薄く、苦味が強いものが多く、ミルクは入れずにレモンと砂糖を入れて飲みます。ペパーミントやカモミールといった**ハーブティー(herbal tea)**は比較的人気があります。

> アメリカでコーヒーを注文すると、ミルクか生クリーム、または両方を混ぜた **half-and-half** が、別添えの小さな容器に入って出てきます。ミルクを入れないコーヒーは**black**と言います。**regular coffee**と言えば、ふつうは**black**のことですが、アメリカ北東部で

はミルクか生クリームが入った(砂糖も入っていることが多い)コーヒーを指します。イギリス英語で**white coffee**と言えば「ミルク入りコーヒー」の意味。

多くのレストランでは、客が席に着くと同時にグラスに入った水を出し、食事中何度も無料で**お代わり(refill)**を注いでくれます。コーヒーも、希望すれば何杯でも足してくれるのがふつうです。

食材はどこで買う?

特に大きな都市には、それぞれの食材を売る専門店もありますが、アメリカ人の大多数が買い物をするのは**スーパーマーケット**です。なんでも大きいアメリカですが、スーパーマーケットも広大です。店内には惣菜を売る**デリ(deli)**や**パン売り場(bakery)**といった、食品ごとの専用の売り場もあります。レジ(checkout counter)には、客が買った**食品雑貨類(grocery)**を袋に入れてくれる係員がいます。

身近な食品の名前には、アメリカ英語とイギリス英語とで異なるものがけっこうあります。主なものを挙げてみると…

	American	**British**
なす	eggplant	aubergine
平たいロールパン	bun	bap
重曹、ふくらし粉	baking soda	bicarbonate of soda
クッキー	cookie	biscuit
(パスタ用)ミートソース	spaghetti sauce / meat sauce	bolognaise sauce
全粒パン	whole-wheat bread	brown bread
グラニュー糖	granulated sugar / superfine sugar	caster sugar

日本語	アメリカ英語	イギリス英語
ひよこ豆	garbanzo bean（アメリカ西部で）	chickpea
コリアンダー、香菜	cilantro / Chinese parsley	coriander
でんぷん	cornstarch	cornflour
ロメインレタス	romaine lettuce	Cos lettuce
ズッキーニ	zucchini	courgette
乳脂肪分の多い生クリーム	heavy cream	double cream
チコリ（キク科の野菜）	chicory / Belgian endive	endive
エンダイブ（チシャ菜の一種）	endive	frisée
サヤインゲン	green beans	haricots verts
ゼリー	Jell-O(TM) / gelatin	jelly
肉の塊、大きなひと切れ	roast	joint
キッチンペーパー	paper towels	kitchen roll
砂糖インゲン	snow peas	mangetout
スカッシュ（キュウリに似た緑色または黄色のウリ科の野菜）	squash	marrow
ひき肉	ground beef / hamburger	mince
ミンスパイ（ドライフルーツなどを詰めたパイ）	mincemeat pie	mince pie
ピタパン（中に具を入れて食べる丸パン）	pita bread	pitta bread
ブラックチョコレート	bittersweet chocolate	plain chocolate
ふくらし粉を混ぜていない小麦粉	all-purpose flour	plain flour
エビ	shrimp（不可算名詞）	prawn
ピーマン	bell pepper	red/green pepper
ルッコラ、ロケット	arugula	rocket
ふくらし粉入りの小麦粉	self-rising flour	self-raising flour
乳脂肪率の少ない生クリーム	light cream	single cream

ゴールデンレーズン、サルタナレーズン(茶色で柔らかい種なしレーズンの一種)	golden raisins	sultanas
ルタバガ(カブに似たセリ科の野菜)	rutabaga	swede
ロールケーキ(スポンジにジャムを塗って巻いた菓子)	jellyroll	Swiss roll
糖蜜	molasses	treacle

> イギリスではポピュラーだけど、アメリカではまずお目にかかれないものといえば、**クロスグリ(blackcurrant)**風味のジュース、それと**スカッシュ(squash)**です。
>
> アメリカでクロスグリの風味にもっとも近いものは、ブドウの果汁、特に**Concord grape**(コンコードブドウ。マサチューセッツ州産のブドウ)と呼ばれる紫色のブドウの果汁だと思います。
>
> また、イギリスでsquashと言えば果汁入り飲料の「スカッシュ」のことですが、アメリカ英語のsquashはキュウリに似たウリ科の野菜のこと。イギリスの「スカッシュ」に味的にもっとも近いのは、アメリカでfruit drinkと呼ばれる、糖分をたっぷり加えた果汁入りジュースでしょう。

　ソフトドリンクはアメリカのどこでも買えますが、アルコール飲料となると話が別です。アルコールを買える場所や時間は、州の法律によって違いますし、ビール(beer)やワイン(wine)といった軽めの酒か、ウォッカやウィスキーなどの**liquor(強い酒)**かによって区別されている場合もあります。たとえばニューヨーク州では、ビールもワインも強い酒も、専門店で平日のみ売られ、日曜日は買うことができません。ワシントン州では、ビールやワインはスーパーマーケットで買えますが、強い酒は州によって運営されている**酒店(liquor store)**でしか買えません。カリフォルニア州では、

食料品店ですべての酒類を買うことができます。

バー(bar)の閉店時間も州によってまちまちです。その上、**dry county**と呼ばれる**「お酒をまったく買えない地域」**もあるのです。わからなければ、まずは聞いてみるのが一番でしょう。たとえばユタ州はお酒がまったく買えない州ですが、特定のクラブの会員になれば買うことができます。本当に面倒くさいですが、少なくともそれぞれのお酒の名前だけは全米共通です！

料理の前に

アメリカで料理をしようと思ったら、まず計量のしかたを覚える必要があります。アメリカではメートル法(metric system)ではなく、**オンス(ounce)**や**ポンド(pound)**、**パイント(pint)**といった単位が使われています(→213ページ「計量の単位」参照)。

小麦粉や砂糖といった食材は、重さを計るのではなく専用の計量容器を使うのがふつうです。もっともよく使うのは**計量カップ**です。アメリカの1カップ(1cup)は約240cc、8液量オンス(1 liquid ounce＝約29.6cc)に相当します。固形物を計る時は、1カップ容器のほか1/2カップ、1/4カップ、1/8カップ容器を使い、液体には2カップ容器や4カップ容器を使います。また、バターは**stick**(「棒」の意味)単位で計量し、**1 stick**は1/2カップに相当します。わけがわからないって？　要するに、アメリカで**レシピ(recipe)**を読んだり料理をしたりするつもりなら、計量カップと計量スプーンをひとそろい買っておくべし、ということです。

ケーキを焼く金属製の「深皿容器」は **baking pan**、クッキー(アメリカ英語では **cookie**、イギリス英語では **biscuit**)などを焼くオーブンの「天板」は **cookie sheet** と言います。

ケーキなどのタネをかき混ぜるには **mixer**(ハンドミキサー、泡立て器)を使い、固形物と液体を混ぜたりピューレを作ったりするには **blender**(据え置きタイプのミキサー、ジューサー)を使います。

「フライ返し」は **spatula** または **pancake turner**。「調理用コンロ、ガス台」は **stove** または **range** と言います。オーブンの「放熱部、天火」は、アメリカでは **broiler**、イギリスでは **grill** と言います。(→169ページ「電気の話と電気製品」参照)

食文化

食文化の単語集

【1% milk】
乳脂肪分が1％の牛乳。低脂肪牛乳(lowfat milk)の一種

【2% milk】
乳脂肪分が2％の牛乳。低脂肪牛乳(lowfat milk)と言えばふつうはこれ。イギリス英語ではsemi-skimmed

【à la mode】
デザートの上にアイスクリームをスプーンでひとすくい(a scoop)のせて供すること。「アップルパイのアイスクリームのせ」ならapple pie à la mode

【all you can eat】
食べ放題。レストランなどでカウンターやバーに料理を並べ、決まった料金(set price)で客が自分で好きなだけとって食べるシステム

【American cheese】
アメリカンチーズ。柔らかいオレンジ色のチーズで、1枚ずつパックして売られている。サンドイッチやハンバーガーに用いられる

【appetizer】
前菜。コースの最初の料理。イギリス英語ではstarter

【bacon】
ベーコン。イギリスでは赤身の多いタイプがよく売られているが、アメリカでは脂肪と肉が筋状になっている(streaky)タイプが一般的。「(ベーコンの)薄切り、ひと切れ」はアメリカ英語ではslice、イギリス英語ではrasherと言う(→p.48 Canadian bacon参照)

【bagel】
ベーグル。ドーナツのような形をした、厚みがあってもちもちした食感のパン。生地を短時間ゆでてから焼く

【baked beans】
ベークドビーンズ。調味料(seasoning)を加えたトマトソースで豆を煮た料理。バーベキュー料理のつけ合わせとして出されることが多い。トーストやベークドポテトにのせるのはイギリス風。また、イギリスでは朝食のメニューのひとつだが、アメリカでは朝食に食べることはない

【baked potato】
ベークドポテト。ジャガイモを丸ごと皮つきのままオーブンで焼いた料理。イギリス英語では

jacket potatoとも言う

【baking chocolate】
料理用チョコレート。糖分ゼロで非常に苦い

【baking powder】
ベーキングパウダー、ふくらし粉。重曹(bicarbonate of soda)と酒石英(cream of tartar——詳しく聞かないでください。これがいったい何なのか私も知らないんです)を混ぜた粉末。パンやケーキをふっくらと仕上げるため、イースト菌(yeast)の代わりに使う

【bar】
バー。アルコール飲料やソフトドリンク、スナックなどを出す場所。レストランなどの一角に、アルコール飲料を作ったり売ったりするコーナーとしてもうけられていることもある

【barbecue】
バーベキュー、直火(open fire)で焼いた肉。特に、直火で焼いて辛いトマトソースをつけた肉を意味することが多い。肉やソースの種類については、地域や州によってさまざまな好みがある。また、barbecueには「(肉を焼くための)バーベキューグリル」という意味もある

【bartender】
バーテンダー。バーでアルコール飲料を作ったり客に出したりする人のこと

【beef jerky】
ビーフジャーキー。牛肉の薄切りを塩漬け・乾燥した保存食

【biscuit】
パンの一種で、ベーキングパウダーを入れて小さな丸い形に焼いたもの。たいてい夕食に食べる。イギリスのスコーン(scone)の甘くないバージョン、というイメージ

【blender】
(据え置きタイプの)ミキサー、ジューサー。固形物を砕いたり、液体と混ぜたり、ピューレにするのに使う。イギリス英語ではliquidiser

【bologna】
ボローニャソーセージ。肉類を混ぜて作った、あまり辛くない大きめの薫製ソーセージ。スライスして売られ、サンドイッチの具として使う。baloneyとも言う

【Boston cream pie】
ボストン・クリームパイ。厳密にはパイではなく、カスタードクリームをつめたスポンジケーキにチョコレートをかけたもの

【brewpub】
自家製のビールを醸造し(brew)、売るバーのこと

食文化

【broiler】
オーブンの内部にある「放熱部、天火」のこと。イギリス英語ではgrill

【brownie】
ブラウニー。しっとり、もちもちした食感のチョコレートケーキ

【brunch】
ブランチ。朝昼兼用の食事のこと。週末にレストランでゆったりとブランチをとる人も多い。パンケーキやワッフル(waffle)、オムレツ(omelet)といった朝食料理から肉、野菜を使ったさまざまな料理に、ミモザ(mimosaシャンパンとオレンジジュースのカクテル)などのアルコール飲料、といったメニューがレストランでは一般的

【busboy】
バスボーイ、給仕助手。レストランなどでテーブルの皿を下げたり、テーブルのしたくをするなど、給仕人(server)の補助をつとめる係のこと。女性もいるため、busserという語が使われることもある

【buttermilk】
乳脂肪分をまったく取り除いていない、かすかに酸味のある濃い牛乳のこと

【cafeteria】
カフェテリア、軽食堂。学校や病院、オフィスビルなどで食事の調理、配膳をする場所のこと。並んだ料理の中から客が好みのものを選ぶ方式で、料理はごく基本的なものであることが多い。カフェテリア形式のレストランもある。イギリス英語ではcanteenとも言う

【cake pan】
ケーキ焼き皿、焼き型。ケーキやパンの生地を入れて焼くための円形または四角形の容器。イギリス英語ではcake tin

【can】
缶。イギリス英語ではtinとも言う

【Canadian bacon】
豚の腰肉から作るベーコン。ピザのトッピングとしてよく使われる。イギリス英語ではback bacon

【candy】
チョコレートやミントキャンディ(peppermint)、キャラメル(toffee)といった甘い菓子の総称

【carryout】
持ち帰り。takeoutとも言う

【case】
缶ビールや瓶ビールなら24本、ワインなら12本を収納する箱の

こと

【cereal】
シリアル。コーンフレーク(corn flakes)やブラン(bran。小麦ふすま)フレークなど、ミルクをかけて食べる朝食用穀物食品の総称

【check】
勘定書き。レストランなどで客がとった食事の合計額を記した紙のこと。イギリス英語ではbill

【cheddar cheese】
チェダーチーズ。アメリカのチェダーチーズはふつうオレンジ色をしており、マイルド(mild)から香りの強い(sharp)ものまでさまざまな風味のものがある

【chicken salad】
チキンサラダ。加熱したチキンとセロリ、堅ゆで卵をマヨネーズであえたサラダ。サンドイッチの具として使われることが多い

【chili dog】
チリドッグ。ホットドッグにチリ(chili。牛ひき肉と豆、チリトウガラシを煮込んだもの)をかけたもの。チーズをかけることもある

【chips】
ポテトチップス。ジャガイモの薄切りを揚げたもの。イギリス英語ではcrisps。ジャガイモのほか、コーン生地で作ったトルティーヤ(tortilla)チップスもある。イギリス英語でchipsと言えば「フライドポテト」のことだが、これはアメリカ英語ではfries。ただし、フィッシュ・アンド・チップス(fish and chips)という料理の時だけは、アメリカでもchipsをフライドポテトの意味で使う

【cinnamon roll】
シナモンロール。イースト菌を混ぜたパン生地にシナモンと砂糖、バターを塗り、巻いて焼き上げたパン

【cocktail】
カクテル。ウォッカやジン、ウィスキーなどのアルコール飲料に、ジュースやソーダ、いろいろな材料を混ぜ合わせた飲みもの

【coffee cake】
コーヒーケーキ。砂糖とバター、小麦粉、シナモン、ナッツなどで作った目の粗いトッピング(topping)をかけた、こってりしたケーキ。よくコーヒーと一緒に出されることからこの名称になったもので、コーヒー風味のケーキというわけではない

【coffeehouse】
コーヒーハウス、喫茶店。コー

ヒーのほか、ノンアルコール飲料やケーキ、パン菓子（pastry）などの軽食を出す店。食事のためというよりも、会話を楽しむための場所

【coffee shop】
軽食堂。カウンターとボックス席（booth）があり、朝食からサンドイッチ、サラダ、簡単なディナーメニューまで幅広い料理を出す、大衆的なレストランのこと。客が席についた途端にコーヒーを出し、お代わりの料金はとらない店が多い。このほか、ヨーロッパ系のコーヒー飲料や軽い飲食物（refreshments）を売る店のこともcoffee shopと言う

【cold cuts】
薄切り冷肉。ハムやターキー、ローストビーフ、パストラミ（pastrami。牛肉を塩漬け・調味して薫製にし、表面に粗挽きこしょうなどをまぶしたもの）といった調理・加工肉のこと。加熱せずに薄切りして食べる。サンドイッチやサラダに用いることも多い

【cold drink】
清涼飲料、炭酸飲料。soft drinkと同じ意味で、アメリカ南部で広く使われる語

【coleslaw】
コールスロー。キャベツとニンジン、玉ねぎの千切りをマヨネーズであえたサラダ

【concentrate】
濃縮飲料。果物ジュースから水分をほとんど取り去ったもの。缶や瓶入りで売られ、水で3倍に薄めて飲む

【cookie】
クッキー。イギリス英語ではbiscuit

【cookie sheet】
（オーブンの）天板。クッキーやビスケットなどを焼くための平たい鉄板。イギリス英語ではbaking tray

【cookout】
野外料理。野外で食材を直火で焼くこと。barbecueと同義

【corn bread】
コーンブレッド。コーンミール（cornmeal。ひきわりトウモロコシ）で作る、ほんのり甘いケーキ

【corn dog】
アメリカンドッグ。フランクフルトソーセージ（frankfurter）をトウモロコシ粉で作った生地で包んで揚げたもの

【corned beef】
コンビーフ。牛肉を塩やスパイスに漬けこんだもの。サンドイッチの具（filling）として使うことが多い。イギリス英語では

salt beefとも言う

【cornmeal】
ひきわりトウモロコシ。「トウモロコシ」はアメリカ英語ではcorn、イギリス英語ではmaize

【cracker】
クラッカー。ぱりっとした薄焼きビスケット。チーズやスープ、チリなどともに食べることが多い。イギリス英語ではsavory biscuit

【crêpe】
クレープ。ごく薄く焼いたパンケーキ。具を入れて巻いたり、ソースをかけたりして食べる

【custard】
カスタードプリン。牛乳と卵、砂糖を混ぜて、オーブンで焼き固めたもの。イギリスでcustardと言えば液状のカスタードクリームのことで、デザートにかけて食べる方法が一般的

【Danish / Danish pastry】
デニッシュペストリー。バターをたっぷり使った甘い菓子パン。中に果物のつめ物を入れ、表面に糖衣(icing)をかけたものが多い。朝食にコーヒーと一緒に食べる

【decaf / decaffeinated】
「カフェイン抜きの」の意味。カフェインを除いたコーヒーをdecaf coffeeと言う。紅茶やソフトドリンクもカフェイン抜きのものが売られている

【deli / delicatessen】
デリ、デリカテッセン。チーズや薄切り冷肉(cold cuts)、手作りのサンドイッチといった、すぐに食べられる調理済みの食品を売る店、またはスーパーなどの中にある惣菜売り場のこと。その場で食べられるようテーブルを置いているデリもある

【dill pickles】
ディルピクルス。キュウリを酢(vinegar)と塩に漬け、ディル(dill)というハーブとニンニクで風味をつけたもの。キュウリを丸のまま漬けこんだものと、縦に薄切りしたもの、横に輪切りにしたものがある

【diner】
ダイナー、食堂。カウンターとボックス席(booth)があり、シンプルで基本的な料理を出す大衆的なレストラン

【doggy bag】
ドギーバッグ。レストランで料理の食べ残し(leftover)を入れるための袋または箱のこと。もともとは食べ残しをペット用に持ち帰るためのものだったが、最近は料理をむだにしないためによく利用される

【doughnut】
ドーナツ

【draft (beer)】
生ビール。大樽(cask)やミニ樽(keg)から注いだビール

【dress】
サンドイッチにレタスやトマト、ピクルス、ソースといった具や調味料を「入れる」こと

【egg roll】
春巻。きざんだ肉や野菜を卵で作った生地で巻き、油で揚げた(deep fried)中国料理。spring rollとも言う

【egg salad】
エッグサラダ。固ゆで卵とセロリ、ピクルスをマヨネーズであえたサラダ。イギリス英語ではegg mayonnaise

【English muffin】
イングリッシュマフィン。イースト菌で発酵させてつくる小型のパン。ふたつ割りしてトーストし、バターやジャムをつけて食べる。イギリスでmuffinと呼ばれるものに近い

【entrée】
(コース料理の)主菜、メインディッシュ。イギリス英語ではmain (course)

【farmer's market】
農産物直売マーケット、青物市。農家や生産業者が消費者に農産物(produce)を直接売るマーケット。品質のよい無農薬食品(organic food)も買える場所として人気が高い

【flapjack】
ホットケーキ。pancakeと同義。イギリスでflapjackと言えば、オートミールなどを固めて焼いた厚みのある甘い菓子で、アメリカのグラノーラバー(granola bar)に近い

【frank / frankfurter】
フランクフルトソーセージ。牛肉か豚肉などで作った赤色の長いソーセージで、最近はターキーで作るものもある。パンに挟んでホットドッグとして食べることが多く、フランクフルトソーセージ自体のことをhot dogとも言う

【French dressing】
フレンチドレッシング。オレンジ色をした薄いクリーム状の甘酸っぱいドレッシング。料理本などでは、油と酢と調味料を合わせたものをFrench dressingと定義しているが、一般的には市販されている瓶入りのオレンジ色のものを指す。油と酢のドレッシングはvinaigretteと呼ぶのがふつう

【fries / French fries】
フライドポテト。細長く切った

ジャガイモを揚げたもの。イギリス英語ではchips

【frosting】
糖衣、フロスティング。ケーキなどに飾りとしてかける、甘くとろりとした砂糖クリーム。icingも同義

【fusion cuisine】
多国籍料理。主にアジアなどの各国料理からヒントを得て、アメリカ料理のスタイルや素材と融合させた料理

【go Dutch】
割り勘にする

【graham cracker】
グラハムクラッカー。全粒粉(whole-wheat flour)で作った長方形の甘いクラッカー。細かく砕いてパイ皮の材料として使うことが多い。イギリスで売られているdigestive biscuitにやや近い

【granola】
グラノーラ。オーツ麦やドライフルーツ、ナッツなどに、はちみつかメープルシロップをからめて焼いた朝食用の食品。ミューズリー(muesli。押しオート麦のシリアル)と違い、しっかりした歯ごたえがある。牛乳をかけて冷たいまま食べる

【granola bar】
グラノーラバー。甘みをつけた押しオート麦(rolled oats)とドライフルーツ、ナッツなどを固めたスナックバー

【griddle】
鉄板。パンケーキなどを焼くのに用いる

【grill】
焼き網。バーベキューなどで、直火の上に置いて食材を焼く

【grilled cheese sandwich】
焼きチーズサンドイッチ。チーズを溶かし、食パンに挟んで焼いたサンドイッチ。通常オレンジ色のAmerican cheeseが使われる。grilledとあるが、grill(焼き網)ではなくフライパンやgriddle(鉄板)で焼くことが多い

【grits】
グリッツ。ひきわりトウモロコシ(hominy)をお粥状にゆでたもの。特にアメリカ南部の地域で、料理のつけ合わせとして、主に朝食に食べる

【ground beef】
ひき肉。肉を細かくひいたもので、ハンバーグやミートローフ(meatloaf)、チリなどに使う。hamburgerも同義。イギリス英語ではmince

【gyoza】
ぎょうざ。もともと中国料理だが、日本語として一般的な「ギョ

食文化

ーザ」がそのまま英語として定着している

【gyro】
ジャイロ。ローストした羊肉を薄切りにして、玉ねぎやトマトとともにピタパン(pita bread)に挟んだギリシャ風サンドイッチ。中東料理のケバブ(kebab)に近い

【half-and-half】
牛乳と生クリームを等分に混ぜたもの。コーヒーに使うほか、シリアルにかけることもある

【hamburger】
ひき肉(ground beef)、ハンバーグ、ハンバーガー

【hash browns】
ハッシュドポテト。細かくきざんだジャガイモを炒めた料理。主に朝食に食べる

【hero】
submarine sandwichと同義

【hibachi】
木炭を使った携帯用小型バーベキュー用コンロのこと

【hoagie】
submarine sandwichと同義

【hotcake】
pancakeと同義

【hod dog】
ホットドッグ。加熱したフランクフルトソーセージを細長く柔らかいパンに挟み、マスタードやケチャップ、玉ねぎ、レリッシュ(relish。きざみ野菜の甘酢漬け)などの薬味(condiment)を加えたもの

【Italian dressing】
イタリアンドレッシング。油と酢と調味料で作るドレッシング。パルメザンチーズ(Parmesan cheese)やロマーノチーズ(Romano cheese)を加えたタイプやクリーム状のタイプもある

【jelly】
果汁から作った柔らかく甘いゼリー状の食品。ジャムから固形物を取り除いたものに近い。ピーナツバターと一緒にトーストに塗ったサンドイッチを peanut butter and jelly sandwichと言う

【keg】
ミニ樽。バーなどにあるビール用の樽。酒屋でも市販されており、大人数のパーティなどで使う

【kegger】
ビールパーティ。樽ビール(keg)を使った、大学生などによる派手なパーティ

【knish】
クニッシュ。ジャガイモや肉、チーズなどを生地につめ、焼いたり揚げたりしたユダヤ風パン

【Kool-Aid (TM)】
クールエイド。人工甘味料を使った果実風味の粉末ジュース

【layer cake】
レイヤーケーキ。スポンジの層(layer)の間にクリームやフルーツを挟んで重ね、全体に糖衣(frosting)をかけたケーキ

【lemonade】
レモネード。水と砂糖、生レモン果汁を混ぜて作る飲み物。最近では香料や甘味料を使った粉末ジュースや冷凍の濃縮飲料(concentrate)を使うのが一般的になっている。アメリカ以外の多くの国でlemonadeと言えば「レモン味の炭酸飲料」を意味するが、アメリカでこれを指す場合には、メーカー名で呼ぶか、lemon-lime sodaと言う

【link】
鎖状につながった小さな長円形のソーセージ。焼いて朝食に食べる

【liquor】
酒、蒸留酒。ビールやワインなどの軽い酒に対して、ウォッカやウィスキー、ジンなどの強い(hard)酒のこと

【longneck】
首の長い瓶に入ったビール

【lowfat milk】
低脂肪牛乳。乳脂肪濃度の低い(通常1～2％)牛乳。イギリス英語ではsemi-skimmed milk

【maître d'(hotel)】
レストラン(特に高級レストラン)の給仕長

【meatloaf】
ミートローフ。典型的なアメリカの家庭料理。ひき肉とスパイス、トマトソースを混ぜ、容器に入れて塊(loaf)にしたものをオーブンで焼く

【microbrewery】
地ビールメーカー。オリジナルの地ビールを醸造し、醸造所で売ったり、ごく限られた地域だけで販売するメーカーのこと

【mimosa】
ミモザ。シャンパンとオレンジジュースで作るカクテル。イギリス英語ではbuck's fizz

【mixer】
(ハンド)ミキサー、泡立て器。材料を混ぜたり泡立てたりするための回転刃がついた電気製品。イギリス英語ではelectric whisk

【Monterey Jack】
モントレージャック。メキシコ料理によく使われる、薄黄色や白っぽい色をしたチーズ

【muffin】
マフィン。甘いカップケーキ。朝食に食べる

食文化

【nonfat milk】
無脂肪牛乳。乳脂肪濃度が0.5％以下の牛乳。イギリス英語ではskimmed milk

【nuke】
チンする。「電子レンジ(microwave oven)で食材を調理したり温めたりすること」を意味する俗語

【on the side】
別添え。ある料理や調味料などを、ほかの料理と混ぜずに別に添えて出すこと。ハンバーガーを注文すると、たいがいフライドポテト(fries)が別添えでついてくる。また、サラダのドレッシングも、あらかじめサラダにかけずに別添えで注文することができる

【over easy】
(目玉焼きの)両面焼き半熟。黄身(yolk)がやや柔らかい状態になるよう、両面焼きした目玉焼きのこと

【pancake】
ホットケーキ、パンケーキ。フライパンや鉄板(griddle)で生地を薄く焼いたもの。バターやシロップをかけたり果物を添えたりして朝食に食べる。イギリスではレモン果汁と粉砂糖をかけてデザートとして食べることが多い

【pancake turner】
フライ返し。spatulaと同義

【patty】
ひき肉などを薄い円盤状にまとめたもの。これを焼いたものがハンバーグ

【pickles】
ピクルス。丸ごとの、または薄切りのキュウリを酢漬けにしたもの

【poorboy / poboy】
submarine sandwichの同義語で、主に南部のルイジアナ州で使われる

【pop】
soft drinkの同義語で、主にアメリカ中西部および西部で使われる

【powdered sugar】
粉砂糖。イギリス英語ではicing sugar

【prix fixe menu】
定食、セットメニュー。前菜、メインなどを決まった選択肢の中から選ぶ、一定の値段(fixed price)のコース料理。イギリス英語ではset menu

【pudding】
プリン。牛乳に小麦粉やコーンスターチなどの濃化剤(thickener)を入れて焼き、冷やして食べる甘く柔らかなお菓子。バニラ味やチョコレート味、バタ

ーキャンディ味などが人気。イギリスのpuddingは材料を型に入れて焼いたり蒸したりした料理のこと。また、イギリス英語ではpuddingに「お菓子、デザート」という意味もある

【pumpernickel】
ライ麦パン、黒パン。ライ麦を使った、黒っぽくやや酸味のあるパン

【ranch dressing】
ランチ(農場風)ドレッシング。サワークリームやbuttermilkに調味料を加えて作るクリーム状のドレッシング

【regular】
ふつう(サイズ)の、標準(サイズ)の。料理や飲み物の注文をする際に、「M(medium)サイズの」の意味で使う。[例]I'll have a regular Coke and fries with that, please.(それにMサイズのコーラとフライドポテトもつけてください)また、regularには「(料理や飲み物が)もとの状態で、プレーンな状態で」という意味もある。つまり、a regular Cokeと言えば、前後の意味によって「(ダイエットコーラやカフェイン抜きコーラではない)ふつうのコーラ」になる場合もある

【relish】
レリッシュ。刻んだ野菜の甘酢漬け。ホットドッグやサンドイッチの薬味として使う

【Reuben sandwich】
ルーベンサンドイッチ。ライ麦パンにコンビーフとスイスチーズ(Swiss cheese)、ザワークラウト(sauerkraut。千切りキャベツを酢漬けし、発酵させたもの)を挟んだ温かいサンドイッチ

【rye bread】
ライ麦パン、黒パン。ライ麦の小麦粉から作ったパン。やや酸味があり、キャラウェイシードというスパイスで風味を加えたものが多い。特にサンドイッチに使う

【salad】
サラダ。イギリス英語でsaladは、トマトやレタスといった「(サンドイッチに入れる)野菜」の意味で使われるが、アメリカでサンドイッチの具となるsaladは、チキンサラダ(chicken salad)かエッグサラダ(egg salad)だけである

【salsa】
サルサ。トマトと玉ねぎ、チリ(chili)から作ったメキシコ風の薬味。トウモロコシのチップスと一緒に出され、このサルサを

食文化

つけて食べる。また、これに似た薬味のこともすべてsalsaと呼ぶ

【saltine】
塩をふった薄いクラッカー。イギリスのcream crackerより食感は軽いが、味は似ている

【sausage】
ソーセージ。イギリスでは数えられる名詞だが、アメリカでは不可算名詞。link（鎖状につながった小さな長円形のソーセージ）やpatty（ひき肉などを円盤状にまとめたもの）もsausageの一種。イギリス英語には「ソーセージ」を意味するbangerという俗語がある

【sauté】
ソテーする。浅いフライパンなどで食材をさっと焼くこと

【schnitzel】
シュニッツェル、オーストリア風カツレツ。仔牛肉などの薄切りを網焼きにするか、パン粉をつけて油で揚げた料理

【screwdriver】
スクリュードライバー。ウォッカとオレンジジュースで作るカクテル

【server】
給仕人。レストランで客に料理や飲み物を出す係

【sharp】
クセのある。味や香りの強いチーズの形容に使う。イギリス英語ではmature

【sherbet】
シャーベット。果汁で味をつけた氷菓子。牛乳または卵白を混ぜることもある

【side (order)】
つけ合わせ。メインディッシュに添えて注文する野菜などの料理。［例］Can I have a side of coleslaw with the ribs, please?（スペアリブのつけ合わせとしてコールスローをお願いします）

【side salad】
メインディッシュの前、あるいはメインディッシュと一緒に別添えで出される小さなサラダのこと

【sift】
ふるいにかける。小麦粉や砂糖などをざるに入れ、大きなかけらを取り除くこと。イギリス英語ではsieve

【skillet】
柄のついたやや深めの鍋、フライパン

【skim milk】
無脂肪牛乳。乳脂肪濃度が0.5％以下の牛乳。nonfat milkとも言う。イギリス英語ではskimmed milk

【soda】
炭酸飲料。soft drinkと同義で、主にアメリカ北東部で使われる。もともとはsoda popと言ったが、アメリカの各地域によってsodaまたはpopと短縮された

【soft-boiled egg】
半熟卵。ゆで卵入れ(egg cup)に入れて食べる

【soft drink】
炭酸飲料。缶入りや瓶入りで売られており、アルコールを含まない

【sommelier】
ソムリエ。レストランで料理や客の好みに会うワインを選ぶ係。イギリス英語ではwine stewardとも言う

【sourdough bread】
発酵させた生地で作る、やや酸味のある白パン。カリフォルニア州北部が発祥の地

【Southwestern cuisine】
南西部料理。メキシコに近いアメリカ南西部の州の料理

【spatula】
フライ返し。焼いたり炒めたりする時に食材をひっくり返すのに用いる、幅広の平たいへらのついた調理器具。イギリス英語ではfish slice。rubber spatulaとなると、柔軟性のある「ゴムべら」のことで、食材をこそげたり塗ったりするのに使う

【strainer】
ざる。金属製の網状の調理器具。イギリス英語ではsieve

【stuffing】
つめ物。パン粉や肉のスープ、スパイスなどを混ぜ合わせたもので、ローストターキーやローストチキンなどの中につめる

【submarine sandwich / sub】
潜水艦型サンドイッチ。細長く柔らかい白パンに、肉やチーズ、レタス、トマト、ピクルス、薬味(condiment)などを入れたサンドイッチ

【sunnyside up】
(目玉焼きの)片面焼き

【sweet pickles】
スイートピクルス。酢と砂糖とスパイスに漬けこんだキュウリ

【sweets】
お菓子。チョコレートや子供向けの砂糖菓子だけでなく、ケーキやクッキー、アイスクリームなど甘いお菓子全般を指す(→p.48 candy参照)。イギリス英語のsweetには「デザート」の意味もある

【syrup】
シロップ。ホットケーキなどにかける、とろりとした甘いソース。アメリカでsyrupと言えば、

ブルーベリーなどの果実から作るもの以外は、たいがいメープルシロップ(maple syrup)を指す。本物のメープルシロップはサトウカエデ(sugar maple)の樹液から作ったものだが、市販のシロップのほとんどは香料や甘味料で味つけされている

【takeout】
持ち帰り(用の)。レストランなどから店外で食べるために持ち帰る料理のこと。名詞のほか形容詞として使うことも多い。[例]We had some takeout Chinese last night.(昨日は夕食に持ち帰りの中国料理を食べた)

【tavern】
居酒屋、ワインバー。強い酒を出すバーと違い、ビールやワインをつまみと一緒に出す店

【to go】
持ち帰りで。レストランなどで、料理をその場で食べずに持ち帰る場合に使う。[例]I'll have a turkey sandwich, and make that to go.(ターキーサンドイッチを持ち帰りでお願いします)

【tortilla】
トルティーヤ。トウモロコシ粉や小麦粉の生地を薄く焼いたメキシコ風パン。トウモロコシ粉のものをa corn tortilla、小麦粉のものをa flour tortillaと言う

【weenie】
wiener(ウィンナー)の俗称

【wiener】
ウィンナー。フランクフルトソーセージ(frankfurter)と同義

【wrap】
ラップサンドイッチ。さまざまな具材を小麦粉のトルティーヤ(a flour tortilla)で巻いたサンドイッチ

【zap】
チンする。「電子レンジ(microwave oven)で食材を調理したり温めたりすること」を意味する俗語

Chapter 3

旅と移動の手段

★★★★★★★★★★★★★★★★★★★★★★

Getting Around

世界一の車社会、アメリカ。
大都市以外はバスや地下鉄はないも同然。
何もかも巨大なアメリカでは
なんと言っても車が主役です。
この章では、高速道路や交通標識のほか
車にかかわる幅広い知識から、
飛行機やホテル、旅や移動についての
さまざまな情報を紹介します。

文化を読むカギ

　車やガソリンの値段は安く、国土は広大——とくれば、**自動車がアメリカ人の足**となるのも当然と言えるでしょう。アメリカ人の大多数が車を持っていますし、大都市をのぞけば**公共の交通機関（public transportation）はないも同然**。郊外の住宅街や小さめの町では、ごく短い距離を歩く人以外、歩行者はほとんど見かけません。たとえば、ショッピングセンター（mall）の一番端の店に行きたい時には、中を歩いていってまた歩いて戻ってくるよりも、いったん外へ出て、その店に近いほうの入り口まで車で移動するのがふつうなのです。

　国内の都市間を移動する場合は、**飛行機**がもっとも速い交通手段となります。

Warning!

アメリカでは車は右側通行、イギリスでは左側通行です。お間違えなく！

米語・英語の間違いのカギ

	American	**British**
交通機関	transportation	transport
駐車場	parking lot	car park
運転免許証	driver's license	driving licence
ナンバープレート	license plate	number plate
変速装置、ギア	transmission	gearbox
バス	bus	coach（長距離バス）

トラック	truck	lorry
≪標識≫ゆずれ	yield	give way
高速道路、ハイウェイ	highway / freeway / interstate	motorway
ガソリン	gasoline / gas	petrol
歩道	sidewalk	pavement / footpath
通り、街路	street	road
環状(円形)交差点	traffic circle / rotary	roundabout
高速道路の出口ランプ	exit / off-ramp	turnoff
飛行機	airplane	aeroplane
鉄道、線路	railroad	railway
地下鉄	subway	underground / tube
往復切符	round trip ticket	return (ticket)
片道切符	one-way ticket	single (ticket)

イギリス英語では「(町の)通り、街路」を**road**と言い、特に店などが立ち並ぶ大通りを**street**と言いますが、アメリカ英語ではどちらも**street**です。アメリカで**road**と言えば、たいがい市街地ではなく田舎にある道路を指します。

イギリス英語では道路や高速道路の名前に**定冠詞のthe**をつけますが、アメリカ英語ではつけません。

「モンタナまでI-90(インターステート・ハイウェイ90号線)で行った」
  米：We took I-90 to Montana.
  英：We took **the** I-90 to Montana.

「そのカフェは3ブロック(通り3本分)向こうにあります」
　　米：The café is three **blocks** away.
　　英：The café is three **streets** away.

「そのホテルはギアリー通りにある」
　　米：The hotel is on Geary Street.
　　英：The hotel is in(on) Geary Street.

「レンタカーを借りたいのですが」
　　米：I'd like to **rent** a car.
　　英：I'd like to **hire** a car.

アメリカ英語らしさのカギ　★★★★★★

　「車」の話をする時、アメリカ英語ではよく**automobile**または**auto**(ともに「自動車」の意味)という単語を使います。特に、automobile industry「自動車産業」や auto insurance「自動車保険」のように、形容詞としてよく使います。イギリス英語では「車」を**motorcar**、「運転すること」を**motoring**とも言いますが、これはアメリカでは通じない表現です。

車が主役!

　世界中探しても、アメリカほどの**車社会(car-crazy country)**はないでしょう。移動手段と言えば、とりあえず自動車。徒歩はまず選択肢に入りません。アメリカの都市は建物やショッピングの施設が広い面積に散らばっているため、実際のところ、車が一番便利なのです。

　地下鉄が発達しているニューヨークやシカゴ、ボストン、サンフランシスコといった大都会をのぞけば、アメリカの都市には公共の交通機関はほとんどありません。また、**町は歩行者ではなく車のために作られている**ので、車がなければ町の中を移動するのはほとんど不可能なのです。歩くのは建物のドアと車のドアの間だけ、というのが現実です。

　アメリカの都市はみな、平べったく四角い形をしています。「坂の町」として知られるサンフランシスコは、ほとんど唯一の例外と言えるでしょう。多くの都市は、縦横に走る道路で碁盤の目のように区切られています。坂道の多いサンフランシスコも、坂の上からこの**格子状の区画**を敷いています。アメリカの都市で道に迷うことがめったにないのは、この格子状の都市デザインのためです。

　縦横にのびる街路(street)や大通り(avenue)で区切られた四角い**「区画、街区」**をblockと言い、これが都市の最小単位となっています。**道案内(giving directions)**をしたり、場所について話したりする際にも、この言葉をよく使います。たとえば……

She lives a couple of blocks from here.「彼女はここから2、3ブロックのところに住んでいる」

Turn left and go up three blocks.「左折して3ブロック直進してください」

一方、イギリス英語ではこういう場合、**street**を使うのがふつうです。

The café is three streets away.「そのカフェは通り3本分向こうにある」

交通標識

アメリカで使われている**交通標識(traffic sign)**のうち、主なものを紹介しましょう。(→68ページの図参照)

stop sign〔一時停止〕

小さめの交差点(intersection)にはよく、赤い八角形に白でSTOPと書かれた大きな標識が立っています。これは「止まれ、一時停止」を表す標識で、いったん完全に停止し、左右から車が来ないことを確認してから発進します。

yield sign〔先方優先通行〕

赤い縁取りのついた白い逆三角形に、赤い文字でYIELD。高速道路や幹線道路に通じるランプ(ramp)などによくある標識です。「ゆずれ」の意味で、徐行または一時停止し、混んでいる車線の車に道をゆずりましょう、ということです。

stop 4-way〔四方向交差点で一時停止〕

イギリスには**roundabout**と呼ばれる**「環状(円形)交差点」**がよくあります。アメリカ英語ではこれをtraffic circleまたは

rotaryと呼びますが、こうした環状交差点はあまりありません。交差点としては、2本の道路が垂直に交わる**four-way intersection（四方向交差点）**のほうが一般的です。こうした交差点にあるのが、「一時停止」の下に4-WAYと書かれた標識です。最初に交差点に入った車が優先的に発進し、次にその右側の車が発進することになっています。たまにthree-way intersection（三方向交差点、三叉路）もあり、その場合には「一時停止」の下に3-WAYと書かれた標識があります。

実際には、交差点ではstop 4-wayよりも**信号（traffic light またはstoplight）**のほうがよく使われています。信号はブロック（block）の途中にはなく、交差点だけにあります。よく目にするのは、交差点の頭上にワイヤーで吊り下げられているタイプですが、交差点に向かって右手の角に取りつけられている場合もあります。左折用の矢印が表示される信号もよく目にします。州によっては、左手の第一車線（first lane）から車が来ない時は赤信号でも右折できる、と定めていることもあります。

one way〔一方通行〕

都市のdowntown（繁華街、中心街）などでは「一方通行」の道路も少なくありません。黒地にONE WAYと書かれた白い矢印は「一方通行」の標識です。矢印の向きが進むべき方向です。

dead end〔行き止まり〕

通り抜けられる道路をthrough street、通り抜けられない「行き止まりの道路」をdead-end streetと言います。行き止まりの道路の入り口には、黄色い地に黒字でDEAD ENDと書

かれたこの標識があります。

STOP 一時停止

STOP 4-WAY 四方向交差点で一時停止

YIELD 先方優先通行

ONE WAY ▶ 一方通行

DEAD END 行き止まり

路面には上り下りの車線を分ける黄色いラインが引いてあります。大きな道路の場合は、芝生や木が植えられた**中央分離帯(median**または**median strip)**があります。この「中央分離帯」は、地域によってさまざまな名前で呼ばれています。ニューヨーク州北部ではmall、中西部の一部の州ではmeridian(「子午線」の意味)やboulevard(「大通り」の意味)、ルイジアナ州ではneutral ground(「中間地域」の意味)と呼ばれます。ちなみに、このneutral groundという語の起源は、ルイジアナ州でフランス人とスペイン人が敵対していた時代にさかのぼります。フランス人は道路の片側に、スペイン人は反対側に住み、間に緩衝地域をもうけたことからこの名称が生まれました。

アメリカで初めて運転する時には、ぜひ次のことを覚えておいてください。一番右端あるいは左端の車線は、ろくな表示もなくいきなり **turning lane（右折または左折レーン）**や **exit lane（減速車線）** に変わる場合があるのです。いったんその車線に入ってしまえば、表示に従わなくてはなりません。

渋滞と大気汚染

アメリカの路上を走る膨大な数の車が、交通渋滞や大気汚染などの問題を引き起こしています。**「渋滞」**は、市街の道路では**gridlock**、一般道路やハイウェイでは**traffic jam**と言います。交通渋滞を緩和するため、car pool（相乗り）やhigh occupancy vehicle（たくさんの人を乗せた車両）専用のレーンをもうけている都市もあります。これは2人以上乗車している車だけが走れるレーンのことです。

アメリカ国内で販売されている新車はすべて、無鉛ガソリン（unleaded gasoline）専用車です。また、基準は州によって異なるものの、**smog test**または**emissions test**と呼ばれる**「排気ガス放出テスト」**を受けることが義務づけられています。ただし、車両の総合的な性能を検査するテストはありません。今にも壊れそうなオンボロ車が平気で走っているのを見れば、これは明らかでしょう。

> 「渋滞中の車列」のことをイギリス英語で**tailback**と言いますが、アメリカ英語では**backup**と言います。アメリカ英語で**tailback**と言えば、アメリカンフットボールのポジションの名称です。

高速道路の話

大きめの都市では、整然とした格子状の都市デザインもすっかり壊れてしまいました。「フリーウェイ」や「インターステート・ハイウェイ」といった高速道路が、都市のあちこちに建設されたためです。

フリーウェイ（freeway） とは都市の中をぬって走る高速道路のこと。大都市の、特にいくつものフリーウェイが交わ

る地点では、最大8レーンにもおよぶ巨大な道路が何層にも重なっている光景を目にします。**ラッシュアワー(rush hour)** には渋滞することもありますが、通常は町の中を快適に、そして効率的に移動できるのが、このフリーウェイです。交差点で止まることもないですし、出入り口の流れも比較的スムーズです。

アメリカの高速道路は**基本的に無料**なのでfreewayと呼ばれますが、一部には有料道路もあります。有料の場合は、まず入り口の料金所(tollbooth)でチケットを受け取り、出口で料金を払うシステムです。「高速道路」を意味する語には、ほかに**thruway、expressway、turnpike**があります。

インターステート・ハイウェイ(interstate highway 州間高速道路) は、アメリカ全土の主だった都市を結ぶ高速道路ネットワークで、連邦政府によって運営されています。インターステート・ハイウェイの一部がフリーウェイになっている場合もあります。路線名は、interstateの頭文字のIに路線を表す番号をつけて、**I-90**(インターステート90号線)のように表します。

フリーウェイが建設される前からある古い道路が、**USハイウェイ(United States highway)** です。路線名は、路線番号の前にU.S.をつけて**U.S. 99**のように表しますが、ただ番号だけを言うこともよくあります。信号のないインターステート・ハイウェイと違い、町の中をぬって走るUSハイウェイには信号があります。

ステートルート(state route) は、ある州の中だけを走る

「州道」です。その距離や規模は各道路によってかなり違います。路線番号の前に頭文字の**SR**をつけて表し、それぞれのステートルートには、州によって異なるシンボルマークがついています。

各高速道路のマーク

Interstate Highway　　U.S.Highway　　State Route

> 南北に走る道路には**奇数(odd number)**の路線番号が、東西に走る道路には**偶数(even number)**の路線番号がついています。

旅と移動の手段

　インターステート・ハイウェイには全長が数千キロにわたるものもあります。たとえばI-10（インターステート10号線）は、カリフォルニア州のロサンゼルスからフロリダ州のジャクソンヴィルにまで延びています。インターステート・ハイウェイは、大きな都市の場合は町なかを通りぬけていきますが、小さめの町の場合は、その町へ通じる出口がもうけられています。

　インターステート・ハイウェイは、運転者の安全と快適性を考慮して、たいがい道幅が広く、**カーブもあまりない直線道路**になっています。このため、運転は単調なものになりがちです。また、数百キロもの長距離をノンストップで走ることも多いため、最近の新車には自動速度制御装置（cruise control）が標準装備されています。

rest area

　アメリカという国の広大さを身をもって実感したいのなら、なんといってもドライブの旅が一番です。延々と続く道を走っていると、何百キロもの間ひとつの町もなく、すれ違う車さえほとんどないということも珍しくありません。町と町の間には、約80キロごとに青い看板が目印の**rest area（休憩所、サービスエリア）**があります。駐車場とトイレと自動販売機ぐらいしかない簡単なものですが、たまに簡易テーブルといすを置いてあるところもあります。

　rest areaのほかに、**truck stop**と呼ばれるドライブインがあります。これは大型トラックのドライバー向けの軽食堂（diner）またはレストランのことですが、ふつうのドライバーが利用できる店もあります。

　こうした休憩所を利用しなくても、通りかかった町に立ち寄れば、ガソリンを入れたり軽食をとったりすることができます。町が近づいてくると、その町にある店や施設をわかりやすくまとめた青い看板が立っています。また、ほとんどの町の道路わきには、いわゆるgolden arch（マクドナルドのロゴであるM字型の看板のこと）が、まるでかがり火のようにさん然と輝いているのです。

制限速度

　ヨーロッパの国々での運転に慣れている人は、**アメリカ人の運転はなんてのろいんだ**と思うでしょう。高速道路でさえ、ちっとも"高速"ではないじゃないかと。そもそもこれは、エネルギー危機さなかの1974年に、アメリカ国内すべての

高速道路で**制限速度(speed limit)**が時速55マイル(約88キロ。1マイルは約1.6キロ)に定められたことが発端なのです。1987年には、都市部以外のインターステート・ハイウェイで制限速度が65マイル(約104キロ)まで引き上げられましたが、その後1995年に、各州内の制限速度はそれぞれの州政府が決めることになりました。つまり、高速道路を運転中に州境を越えた場合には、制限速度がいきなり変わる可能性があるのです。たとえば、テキサス州では時速70マイルだったのが、ニューメキシコ州に入った途端65マイルに落とさなくてはならない、ということもありえます。

　一般的に、ステートルート(州道)や郡(county)の道路では、制限速度がインターステート・ハイウェイよりも低く設定されています。市街地に入ればさらに低くなり、一般道で約45マイル、スクールゾーンでは約20マイルになります。インターステート・ハイウェイの場合は、市街地に入っても制限速度は変わりませんが、ハイウェイに入る車線(on-ramp)と出る車線(off-ramp)で、特に急カーブのある場合には制限速度が低くなります。また、夜間には制限速度が5〜10マイル低くなる道路もあります。高速道路では最低速度(minimum speed)も決まっていて、最高速度より15〜20マイルほど低い値に設定されています。

> **「時速〜マイル」**はmph (=miles per hour)という単位で表します。時速100キロはおよそ60マイルです。アメリカの車の速度計(**speedometer**)には、キロとマイルの両方の目盛りがついていますが、大きい文字のほうがマイルです。アメリカでレンタカーを利用する際にはご注意ください。

　スピード違反を含めて、交通規則違反は州・郡・市の警察がそれぞれの担当地域で取り締まりを行っています。インタ

ーステート・ハイウェイなどの国道は州警察(state troopers)または「ハイウェイパトロール」(highway patrol)がオートバイでパトロールしています。ただし、州警察の管轄は市街地以外の道路に限られます。ステートルートは郡の保安官事務所が担当し、市街地の道路は市警察が担当しています。

Warning!

「もしも警察官に止められたら」

万が一、アメリカで警察官に車を止めるよう指示されたら、**自分から車を降りるのは禁物**です。警察官が運転席のそばに来るまで待ち、礼儀正しく指示に従いましょう。運転免許証(driver's license)と車両登録証(vehicle registration)、自動車保険の証書の提示を求められますので、すぐに出せるよう用意しておくこと。もしも**違反キップ(ticket)**を切られても、その場で文句を言ってはいけません。不当だと思った場合は、あとで交通裁判所(traffic court)に訴えます。訴えるために必要な手続きは違反キップに印刷されています。

運転免許証

車を運転するには、その人が住んでいる州が発行した**運転免許証(driver's license)**が必要です。免許証は各州のDepartment of Motor Vehicles (=DMV。車両管理局)かcounty clerk's office (郡書記事務所)から発行されます。免許を取得できる年齢はたいがい16歳以上ですが、これも州によって異なります。18歳未満の場合は親の同意書が必要で、運転教習の全課程の受講が義務づけられています。教習はよく高

校の課外活動として行われます。

運転免許試験には、交通ルールについての知識をみる筆記試験と、路上での実技試験とがあります。合格者に交付される運転免許証には、ドライバーの顔写真とともに、身体的特徴や年齢、**社会保障番号(Social Security number)** や住所などが記載されています。

免許証は**身分証(identification)** としてもっともよく使われるため、大多数のアメリカ人はいつも持ち歩いています。小切手を現金化したり、銀行口座を開設する時、またお酒を買ったり、バーに入って年齢を証明する時にも、免許証が使われます。免許を持っていない人は、DMVから身分証を発行してもらうこともできます。免許証は4～6年ごとに定期的に更新しなくてはいけません。

> **交通違反(traffic offense)** に対しては、多くの州で違反ポイント制をとっています。違反ポイント数が年間で決まった数に達すると、免許を剥奪されることもあります。これは、車社会アメリカでは致命的な事態です。

自動車保険と車両権利証

自動車保険(auto insurance) は、ほとんどの州の法律で、運転者の加入が義務づけられています。内容は州によって異なりますが、たいがい損害賠償保険(liability insurance)と人身障害保険(personal injury protection)は必須です。運転中は常に保険証書を携帯しなくてはなりません。

車両権利証(Certificate of Titleまたは**Certificate of Ownership)** も、運転中いつも持っていなくてはならないものです。これは、その車の所有者の名前と住所、**ナンバープ**

レート(license plate)の番号が記載された書類で、車を買い換えるたびに新たな権利証が必要となります。

公共交通機関の今むかし

20世紀初頭までは、アメリカでも鉄道をはじめとする**公共交通機関(public transportation**または**mass transit system)**が大きな役割を果たしていました。ところが、第二次大戦後、アメリカ全土で都市の構造が大きく変わりました。**郊外(suburbs)**が膨張し、田園地帯が商業エリアとして開発されるにつれて、ほとんどの公共交通機関が姿を消してしまったのです。大手石油会社が、鉄道の線路をはがして高速道路を建設する事業に投資したことも、この流れに拍車をかけました。

今やアメリカの多くの町で、生き残っている公共交通機関といえば、ごく限られた地域を走るバスだけになってしまいました。そんな中で、ニューヨークやボストン、ワシントン、アトランタ、サンフランシスコ、そしてシカゴといった**人口密度の高い大都市は例外**です。こうした都市には、バスや鉄道(subway「地下鉄」とelevated train「高架鉄道」)の路線網が張りめぐらされ、周辺地域との間を結ぶ通勤鉄道(commuter railroad)も発達しています。

「地下鉄」は、アメリカ英語では **subway**、イギリス英語では **underground** または **tube** と言います。イギリスで **subway** といえば「歩行者用の地下道」の意味。「地下道路」を表す **underpass** は、アメリカでは主に、立体交差でほかの道路の下を通る車両用の道路、という意味です。

地下鉄や劇場などの**「出口」**は、アメリカ英語で **exit**。イギリス英語で

> は **way out**ですが、この表示を見るたびにアメリカ人は違和感を覚えます。1960年代、ヒッピーの時代に流行ったスラング **way-out**「前衛的な、ぶっとんだ」を思い出してしまうからです。

こうした大都市以外では、公共交通機関といえばバスだけで、運行地域は狭く、本数も少ないのがふつうです。サンフランシスコやニューオーリンズ、フィラデルフィアといった都市では、今でも**路面電車(streetcarまたはcable car、trolley)**が走っていますが、どちらかというと観光用の性質が強いものです。「路面電車」はイギリス英語ではtramと言います。

タクシー

アメリカでは意外と**タクシー(taxiまたはcab)**を見かけないな、と思う方もいるでしょう。大きな都市の中心街(downtown)には流しのタクシーも走っていますが、多くの町では、タクシーは電話で呼ぶ**on-call service**というシステムをとっており、客を探して走る流しのタクシーは少ないのです。

高級車専門の**car service(リムジン・ハイヤー会社)**もあります。料金はタクシーより高めですが、あらかじめ決まっているので安心です。オーダーする際に、料金がいくらになるか聞いておくといいでしょう。タクシーの場合はメーター制なので、渋滞に巻きこまれたりすれば、料金はあっという間に上がってしまいます。

鉄道の旅

　実は、アメリカには今も世界一の**鉄道網(railroad network)**があります。しかし、主に貨物輸送に使われていて、旅客の数はごく少数です。とにかく国土が広大なため、長距離の移動といえば飛行機。今では鉄道で旅する人はほとんどいなくなってしまいました。飛行機なら6時間でアメリカを横断できるのに、わざわざ列車で3日間かけて旅する人がいるでしょうか？

　それでも、時間がたっぷりある人や飛行機が苦手な人は、古きよき情緒たっぷりの鉄道の旅をのんびりと楽しむことができます。長距離の旅客列車を運行しているのは**アムトラック(Amtrak)**という鉄道会社。1970年代はじめに、廃止寸前だった各鉄道会社の旅客部門を統合してできた会社です。値段の安い「二等席、エコノミー席」はcoach、**片道**は**one way**(イギリスではsingle)、**往復**は**round trip**(イギリスではreturn)と言います。こうした呼び方はバスなどでも同様です。

　列車の切符は乗車前に買います。イギリスでは車内で**車掌(conductor)**から買うこともできますが、アメリカの長距離列車の場合は、切符を持っていないと乗車することができません。また、通勤列車では、車内で車掌から買うと乗車前に買うより割高になります(ちなみに、列車の「運転士」はengineerと言います)。出発・到着する列車の案内は、イギリスでは「〜番ホーム」(platform number)で表示されますが、アメリカでは「〜番線」(track number)で表示されます。ただし、アメリカでも駅の「ホーム、プラットホーム」はplatformと言います。列車の「車両、コンパートメント」はcarまたは

coach。長距離列車の場合は、寝台車(sleeper)の「寝台」(berth)を予約することもできます。

長距離バス

アメリカでもっとも安上がりな長距離移動の手段は、バスです。**長距離バス(long-distance bus)** の路線網は、大都市から片田舎まで広範囲にわたっています。バスの旅では、さまざまな人々との出会いも楽しみのひとつ。ただし、バスに乗りこむ時には、自分の身の上話を披露する覚悟をしておきましょう。長距離バスの旅はとても長く、乗客は本当によく話をするからです。

> イギリス英語では「長距離バス」のことを**coach**と言います。

バス会社の最大手は**グレイハウンド(Greyhound)** で、全米のほとんどの主な都市や町に乗り入れています。小さな町へ行くには、地元の地方バス会社の路線に乗り換えます。

自転車

アメリカ人だって**自転車(bike)** には乗ります。ただし、移動手段というより趣味や運動のためという人がほとんどです。アメリカの町なかを自転車で移動するのは、少々危険な行為と言えるでしょう。車道には自転車レーンがめったにありませんし、あったとしても道幅が狭くなれば急になくなってしまうこともあるからです。原則的には、自転車は車と同じく**道路交通法(traffic law)** を守らなくてはなりません。つまり、歩道(sidewalk)ではなく車道を走るのが決まりなので

すが、多くの人はこのルールを無視しているのが実情です。

空の旅

アメリカ国内を移動する空の便には、大手から地方系までたくさんの航空会社があります。実際、国土の広いアメリカでは、**飛行機がもっとも手軽で経済的な交通手段**なのです。ビジネスパーソンは飛行機でアメリカ全土へ出張に出かけますし、飛行機を通勤に使う人もそれほど珍しくありません。各航空会社では、フライトのマイル（mile）数に従って客に特典を与える **frequent flyer program**（直訳すれば「よく飛行機を利用する客用プログラム」）を導入しています。提携しているクレジットカードや電話会社を利用するだけでマイル数が貯まるサービスもあります。

「余分なサービスを省いた」という意味の **no-frills** で運営している航空会社もあります。乗り心地はいまひとつ、機内食はスナック程度ですが、そのぶん超安値を売りにしています。多くの航空会社では、機内で出すソフトドリンクは無料ですが、エコノミークラス（coach class）の客にはアルコール飲料を現金で買わせるシステムをとっています。

定員以上の予約をとる**オーバーブッキング（overbooking）**は、どの航空会社にもつきものです。「オーバーブッキングのため予約を取り消される」ことを bumped と言い、これを避けるためには、決められた時刻までに早めにチェックインをすませることが大切です。ただし、オーバーブッキングされてほかの乗客に席をゆずった客には、現金や無料航空券などの補償が行われます。

アメリカを発着する国際便は、航空運賃の価格競争がし烈

です。**格安航空券業者(consolidator)**では、非常に低価格なチケットを売っています。

海外旅行の多い方は、アメリカの**免税店(duty-free shop)**が、ヨーロッパなどの免税店とまったく違うことに驚いたことがあるでしょう。小さな国際空港ではウィスキーとタバコ、香水がほんのちょっぴりカートに入って売られているだけですし、ちょっとましな免税店のある大きな空港でも、商品はアルコールとタバコと化粧品ぐらい、という場合がほとんどなのです。お客が買った免税品(duty-free goods)は、その場では客にわたさず、搭乗する直前に届けられることになっています。

> 航空券を買う「発券カウンター」はticket counter。また、「手荷物」のことは、アメリカ英語ではbaggage、イギリス英語ではluggageと言います。

空港から市内まで

出迎えの人がいない場合には、空港から市内までは、バスかタクシーを利用することになります。空港の**手荷物受取所(baggage claim)**を出ると、バスとタクシーの乗り場を示す表示がありますので、そこで列に並びます。料金が安いのはバスのほうですが、ルートがわかっていないと利用しづらいもの。手荷物受取所の近くにはよく交通案内(transportation information)のデスクがありますので、そこで聞くといいでしょう。主だったホテルに停まる**空港バス(airport bus)**もありますが、停留所以外の場所では停まりません。

> バスではお釣りが出ないことが多いため、あらかじめ料金を聞いておきましょう。

タクシーの場合は、空港から市内まで**固定料金(fixed fare)**が決まっている場合があるので、乗る前に必ずたずねましょう。たとえばニューヨークでは、空港から市内まで35ドルと決まっています。ただし、中にはこの固定料金を無視して、メーターの料金を請求する運転手もいます。交通渋滞に引っかかった時など、80ドルも取られてしまうこともあるのです。

特に急いでいない場合には、**shuttle**と呼ばれる**「シャトルバス、定期往復バス」**のほうがタクシーよりも安上がりです。これは約10人乗りのバンで、定員に達し次第発車し、それぞれの客の希望する場所で順番に降ろしてくれます。ただし、行き先によっては一番最後の客になる可能性もあるため、時間に余裕を持って利用するほうがいいでしょう。

Warning!

タクシーの表示をつけていない、いわゆる白タクもいます。正規のタクシーやバスを待っている客にそっと近づいて、「市内まで〇ドルでどうだ」と持ちかけるのです。こうした車はライセンスを持っていない**白タク(unlicensed taxi)**なので、利用しないようにしましょう。

手荷物を預ける

イギリスの駅や空港には、係員が荷物を短時間預かってくれるleft luggage「手荷物預かり所」がありますが、これはアメリカにはないものです。アメリカ人がこの言葉を聞くと、lost and found、つまり「遺失物取扱所」(イギリス英語では

lost property office)のことだと思ってしまうでしょう。その代わり、アメリカの駅や空港にはコインロッカーがあります。

ホテルの手荷物預かり所のことはbell stationと言います。

ホテルに泊まる

ホテルの用語については、アメリカでも海外でもだいたい似たようなものですが、若干の違いがあることを知っておくと便利です。

チェックインを行う**フロント**は**front desk**と言います(イギリス英語ではreception)。客の荷物を部屋まで運ぶ「ベルボーイ、ポーター」はbellhop。「ボーイ長」(bell captain)にタクシーを呼んでもらいたい時にはbell stationに連絡します。このbell stationは、チェックイン前やチェックアウト後に短時間荷物を預かってくれる場所でもあります。

ホテルの部屋には、喫煙できるsmoking roomと禁煙のnonsmoking roomがあるので、チェックインの時に希望を伝えましょう。**全館禁煙(smoke-free)** というホテルもあるため、予約する前に確認したほうがいいでしょう。

部屋のタイプには、ベッドが1つの**シングル(single)**、ベッドが2つある**ダブル(double)**と、2つ以上の部屋がつながった**スイート(suite)**があります。ベッドはたいがい2人で寝るのに十分なダブルベッドなので、4人家族ならダブルを1部屋とるのがふつうです。エクストラベッドが必要なら、cot「簡易ベッド、折りたたみ式ベッド」(イギリス英語ではcamp bed)をごく安い追加料金で入れてもらうことができます。

アメリカでは、よほど安ホテルでない限り、bathroom（トイレつき浴室）が各部屋についているのが常識です。イギリス英語には**「浴室のついた部屋」**を意味する**en-suite**という言葉がありますが、アメリカでは部屋に浴室がないことはまず考えられないため、アメリカ英語には存在しない言葉です。ホテルの予約をする時にも、わざわざ"Is there a private bathroom in the room?"（お部屋に浴室はついていますか）と聞く必要はありません。

モーテルとは？

　"motor hotel"から来た**モーテル(motel)**は、アメリカ生まれの宿泊施設です。鉄道に代わって高速道路網が発達するにつれて、アメリカ全土に建てられました。

　宿泊料は一般的にホテルより安めです。ホテルの場合は室内の廊下から部屋へ入りますが、モーテルの部屋へは屋外か、または屋根つきのバルコニーから直接入る形式です。まずフロントにあたる**motel office**のそばに車を停め、チェックインの手続きをしてから、宿泊する部屋のそばの駐車スペースまで車を乗り入れます。

　空室があるかどうかは、道路沿いに出ている看板でわかります。**VACANCY**なら「空室あり」、**NO VACANCY**なら「満室」です。モーテルでは食事は出ませんが、たいがいレストランが近くにあるはずです。

B&B

　イギリスの「ベッド・アンド・ブレックファースト」（bed-and-breakfastまたは**B&B**。朝食つきの民宿のこと）は、ホテルよりも粗末な安宿を指す場合が多いですが、アメリカでB&Bと言えば、古い民家を美しく改築した、ちょっとしゃれた宿を意味します。たっぷりした朝食には、卵やベーコン、ソーセージ、トーストのほか、自家製のマフィンやビスケット、手作りのシリアル、作りたての生ジュースやコーヒーなどが出されます。

　B&Bは地方の小さな町や田園地帯によく見られますが、市街地にも時々あります。B&Bではふつう、バス・トイレ（bathroom）は共用です。

旅と移動の手段の単語集

【3-way intersection】
三叉路、T字路。三方向に分かれた道のこと。イギリス英語ではT-junction。一時停止した後、最初に三叉路に入った車が優先的に発進し、次にその右側の車が発進するのが決まり

【4-way intersection】
交差点。2本の道路が垂直に交わる四方向の交差点のこと。一時停止した後、最初に交差点に入った車が優先的に発進し、次にその右側の車が発進する

【bell captain】
ボーイ長。ホテルのベルボーイ (bellhop) の責任者

【bellhop】
ベルボーイ、ポーター。ホテルで客の荷物を部屋まで運ぶ係

【bell station】
ホテルのロビーの一角にあり、ボーイ長がベルボーイに客の荷物を運ばせたり、タクシーを呼ばせたりする場所。客の荷物を短時間預かる場所でもある

【billboard】
広告板。道路わきや建物の上などにある、広告を掲示するための大きな看板。イギリス英語ではhoarding

【block】
ブロック、街区。垂直に交わる2本の道路によって区切られた区画のこと。2本の道路の間のスペースを指すこともある

【bump】
予約を取り消す。飛行機のチェックインに遅れた乗客を、次の便に振り替えること

【cab】
taxi（タクシー）のこと

【cable car】
路面電車。市街の一般道路上の線路を、地下や地上に設置されたケーブルに沿って走る列車のこと。イギリス英語ではtram

【car】
自動車、鉄道の車両

【carpool】
相乗りする。職場の同僚や学校の友人同士で通勤・通学の車に相乗りすること。名詞「相乗り」として使う場合は、car poolと二語になる

【car service】
リムジン・ハイヤー会社。固定料金制で、お客は電話で予約してオーダーする

【Certificate of Title / Certificate of Ownership】

車両権利証。その車両の所有者であることを証明する公文書

【coach】
(飛行機・列車の) エコノミークラス、二等席のこと。鉄道の「客車」の意味もある

【conductor】
(列車の) 車掌

【consolidator】
格安航空券業者。航空券をまとめて仕入れることで、客に格安で販売する。イギリス英語ではbucket shop

【cot】
簡易ベッド。小ぶりな折り畳み式の一人用ベッド。イギリス英語ではcamp bed。イギリス英語でcotと言えば「ベビーベッド」の意味

【crosswalk】
横断歩道。イギリス英語ではzebra crossing

【cruise control】
(車の) 自動速度制御装置。自動車の走行速度を一定に保つ装置のこと。運転者はずっとアクセル (gas pedal) を踏みこんでおく必要がないため、特に長距離の直線道路を運転する際に便利

【dead battery】
(車の) バッテリーがあがること。イギリス英語ではflat battery

【Department of Motor Vehicles (DMV)】
車両管理局。車両の登録を管轄する州政府機関で、運転免許証を発行する

【detour】
迂回路。事故や道路工事などで通行止めの時、車が迂回するべき道路のこと。イギリス英語ではdiversion

【doorman】
ドアマン、門衛。ホテルの正面玄関に立ち、客を出迎えて荷物を運んだり、タクシーを呼んだりする係

【downtown】
(都市の) 中心街、繁華街、ビジネス街

【driver's license】
運転免許証。イギリス英語ではdriving licence

【eighteen-wheeler】
tractor-trailer rig (大型の牽引式トラック) を指す俗語

【elevated train】
高架鉄道。地上より高い軌道を走る高速列車のこと。シカゴの高架鉄道は"the el"の愛称で親しまれている

【emergency brake】
ハンドブレーキ、サイドブレーキ。自動車に備えられた手動ブ

レーキで、駐車する時や通常のブレーキがきかない時などに用いる。イギリス英語ではhand brake

【emissions test】
排気ガス放出テスト。smog testとも言う

【engineer】
（列車の）運転士

【exit】
（高速道路などの）出口。off-rampとも言う。イギリス英語ではslip road。また、exitには「（建物などの）出口」という意味もあり、このイギリス英語はway outとなる

【exit lane】
（高速道路などで）出口につながる車線、減速車線。この車線に入った車は必ず出口から出なくてはならない

【expressway】
高速道路

【flat / flat tire】
パンク（したタイヤ）。イギリス英語ではpuncture

【freeway】
高速道路

【freight train】
貨物列車。イギリス英語ではgoods train

【frequent flyer】
（出張などで）頻繁に飛行機を利用する客のこと。各航空会社では、搭乗マイルを一定数貯めた客に、無料チケットや座席クラスのグレードアップといった特典を与えるfrequent flyer programを行っている

【front desk】
（ホテルの）フロント。チェックインなどを担当する。イギリス英語ではreception

【gas pedal】
アクセル。車の加速操作を行うためのペダル。イギリス英語ではaccelerator

【grade crossing】
踏み切り。道路と鉄道が交わる地点。イギリス英語ではlevel crossing

【gridlock】
交通渋滞。アメリカの多くの都市が「格子模様」（grid pattern）のように設計されているところから、この言葉が生まれた

【high occupancy vehicle (HOV)】
複数の人を乗せた車のこと。交通渋滞を緩和するため、道路にHOV優先レーンをもうけている都市も多い

【highway】
主要道路、幹線道路

【highway patrol】
州警察の組織で、インターステ

ート・ハイウェイをはじめ州内の幹線道路のパトロールを担当する

【hood】
(車の)ボンネット。イギリス英語ではbonnet

【interstate】
interstate highwayのこと。複数の州を結ぶ幹線高速道路

【jaywalking】
歩行者が信号無視をしたり、横断歩道のない車道を横断したりといった違法行為のこと

【liability insurance】
(自動車保険で)損害賠償保険。事故を起こして相手側に与えた危害に対する賠償責任を補償する保険

【license plate】
ナンバープレート。車の認可番号と州を表す文字や数字が記載されたプレートで、車の前後に取りつける。イギリス英語ではnumber plate

【median (strip)】
中央分離帯。幹線道路など大きな道路で、上下の車線の間にもうけられた緩衝地帯

【merge】
合流する。幹線道路などで、一時停止したりスピードを落としたりせずに、車の流れに乗ること

【muffler】
(車の)マフラー、消音器。エンジン音を和らげるための装置。イギリス英語ではsilencer

【no-frills airline】
基本的なサービス以外をすべて省くことによって、格安な運賃を提供する航空会社

【off-ramp】
(高速道路などの)出口ランプ。exitとも言う。イギリス英語ではslip road

【on-call】
「依頼して」の意味。タクシーを路上で拾うのではなく、電話で予約する方法をon-call serviceと言う

【one-way ticket】
片道切符。イギリス英語ではsingle ticket

【on-ramp】
(高速道路などの)入り口ランプ。イギリス英語ではslip road

【overbook】
(飛行機で)定員以上の予約を取ること

【overpass】
ふつうの道路の上にもうけられた「高架道路」のこと。イギリス英語ではflyover

【pass】
(車が)追い越す。イギリス英語ではovertake

【personal injury protection】
(自動車保険で) 人身障害保険。事故により被害を受けた搭乗者 (本人を含む) の医療費などを補償する保険

【rest area】
サービスエリア。道路わきにもうけられた休憩所で、車を停めてトイレを使ったり、自動販売機で飲み物やスナックを買ったりすることができる。イギリス英語ではlay-by

【rotary】
環状 (円形) 交差点。円形のロータリーになった交差点のことで、ロータリー内は一定方向にしか進むことができない。イギリス英語ではroundabout

【round-trip ticket】
往復チケット。イギリス英語ではreturn ticket

【rush hour】
ラッシュアワー。通勤・通学でもっとも混雑する時間帯のこと。だいたい朝7時から9時までと、夕方4時半から7時までの間

【schedule】
(バス、列車、船などの) 時刻表。イギリス英語ではtime-table

【sedan】
セダン。前後2列の座席がある4ドアの乗用車のこと。イギリス英語ではsaloon

【semitrailer / semi】
大型の牽引式トラック (tractor-trailer rig) の後ろ部分。タイヤのついた運搬車のことで、牽引車 (tractor) に引かれて移動する。semiには、運転台 (cab) に1台の長いtrailerを連結したトラック、という意味もある。イギリス英語ではsemi-articulated lorry

【shuttle】
ニューヨーク―ワシントン間のように、比較的近距離の2都市を結ぶ「(飛行機の) 定期往復便」のこと。また、空港と市内を往復する「シャトルバス、シャトル列車」という意味もある

【side mirror】
(車の) サイドミラー。イギリス英語ではwing mirror

【smog test】
排気ガス放出テスト。車が一定の基準以上の排気ガスを出していないかどうか調べるテスト。イギリスのMOT (=Ministry of Transport) Testにあたる。許容される基準は州により違う。またテストの頻度も、州によって1年ごと、2～3年ごとなど

と異なる

【speedometer】
（車の）スピードメーター、速度計

【sport utility vehicle(SUV)】
オフロード用の四輪駆動車。最近はタウン用としても人気がある

【standard】
マニュアル変速機（manual transmission）がついた車のこと。stick shiftとも言う

【state trooper】
州警察のパトロール隊。州の幹線道路やインターステート・ハイウェイのうち、市街地以外の部分をパトロールする

【station wagon】
ステーションワゴン。トランクの代わりに、後部座席の後ろに広々とした荷物室を備えた大型車。ファミリーに人気がある。イギリス英語ではestate car

【stick shift】
マニュアル変速機（manual transmission）がついた車のこと。"Roy drives a stick shift."（ロイの車はマニュアルなんだよ）のように使う。また、変速レバーそのものを意味することもある

【stoplight】
（交通）信号。traffic lightとも言う

【stop sign】
《交通標識》止まれ、一時停止。赤地に白でSTOPと書かれた大きな八角形の標識。車は、いったん完全に停止しなくてはならない

【streetcar】
路面電車。trolleyとも言う。イギリス英語ではtram

【subway】
地下鉄。イギリス英語ではundergroundまたはtube

【thruway】
高速道路

【tire】
タイヤ。イギリス英語ではtyre

【tractor-trailer rig】
大型の牽引式トラック。貨物輸送に用いる。イギリス英語ではarticulated lorry

【traffic circle】
環状（円形）交差点。rotaryとも言う。イギリス英語ではroundabout

【transfer (ticket)】
（バス、列車の）乗り換え切符。最終目的地までの料金を含んだ切符のことで、バスや列車を乗り換える際にお金を払う必要がない

【trolley】
路面電車。streetcarとも言う。

イギリス英語ではtram
【truck stop】
主に大型トラック運転手向けのドライブイン。ガソリンスタンドや軽食堂、休憩所（rest area）などがある
【trunk】
（車の）トランク。イギリス英語ではboot
【tune-up】
（車の）調整。整備士（mechanic）がエンジンなどを整備すること
【turning lane】
左折・右折レーン。（道路上の）左折または右折専用レーンのことで、このレーンに入った車は必ず左折または右折しなくてはならない
【turnpike】
有料の幹線道路。アメリカ北東部に多い
【underpass】
立体交差で、ほかの道路の下を通る道路のこと
【uptown】
アップタウン、山の手。街の外側や北部の地域のことで、downtown（中心街、繁華街）よりも裕福な住宅街であることが多い
【van】
バン。10人程度の乗客を乗せたり、多くの荷物を積みこんだりできる大きめの車。子供やペットを乗せたり、さまざまな道具を収納したりと、ファミリーに人気の高い車。空港のシャトルバス（shuttle）としても用いられる。イギリスのバンは、運転席（cab）と後部座席との間に仕切りがあるものが多い
【vanity plate】
バニティプレート。車の持ち主が自分で選んだ数字や文字を記したナンバープレート（license plate）のこと
【weigh station】
計量所。大型トラックなどの過積載がないか定期的にチェックするため、幹線道路沿いに設置されている
【windshield】
（車の）フロントガラス。イギリス英語ではwindscreen
【yield】
《交通標識》ゆずれ、先方優先通行。大きな道路に入る前に徐行または一時停止し、ほかの車に道をゆずる。イギリス英語ではgive way

Chapter 4

休日と休暇

★★★★★★★★★★★★★★★★★★★★★

Holidays and Vacations

アメリカは有給休暇の短い国です。
そのぶん人々が楽しみにしているのが祝日。
独立記念日や感謝祭のほか、
ハロウィーンやバレンタイン・デーなど、
みんなが大好きな祝日や記念日を
ご紹介するとともに、アメリカ人の
休暇のすごし方についてお話しします。

文化を読むカギ 🌙 ★★★★★★★★★★★★★★★

アメリカの職場の**有給休暇（paid vacation）**は、年間で平均10日ほど。約20日もあるイギリスなど、ヨーロッパの国々に比べてずっと少ないのが現状です。ただし、そのほかに社員が自由に使える **personal days（個人休暇、任意休暇）**をもうけている企業もありますし、年9日の**「祝日、法定休日」（legal holiday）**もあります。

学生には3か月近い夏休みがありますが、春や冬には長期休暇はありません。

米語・英語の間違いのカギ 🌙 ★★★★★★

	American	**British**
法定休日、祝祭日	legal(public) holiday	bank holiday
（変装用の）衣装	costume	fancy dress
サンタクロース	Santa Claus	Father Christmas
休暇	vacation	holiday
パックツアー	package tour / vacation package	package holiday
旅行代理店	travel agency	travel agent

「私は休暇をとります」
　米：I'm going on **vacation**.　英：I'm going on **holiday**.
「メリークリスマス！」
　米：Happy holidays! / Merry Christmas!
　英：Happy Christmas! / Merry Christmas!

「仮装パーティに行きました」
  米：We went to a **costume** party.
  英：We went to a **fancy dress** party.

アメリカ英語らしさのカギ ★★★★★★

holidayは、アメリカ英語では**「祝日、法定休日」**の意味ですが、イギリス英語では**「休暇」**という意味もあります。「休みをとる、休暇をとる」を意味する表現も、アメリカでは **go on vacation**、イギリスでは **go on holiday**と異なります。

the holidaysと言えば、イギリスでは「(学校や会社などの) 休暇」のことですが、アメリカでは11月末の**感謝祭**(Thanksgiving Day)から、12月の**ハヌカー**(Hanukkah。ユダヤ教の祭日)と**クリスマス**(Christmas)、1月の**元日**(New Year's Day)までのシーズンを指します。

大好きな祝日！

　長い長いバカンスをとるヨーロッパの人々に比べて、アメリカ人の休暇のとり方はまだまだ遅れていると言えるでしょう。有給休暇が年間で2週間にも満たないアメリカでは、**「法定休日、祝日」(legal holiday / public holiday)** が貴重な休みとなります。ほとんどの祝日は、人々が週末に長く休めるよう月曜日に設定されています。祝日以外にどれだけ休めるかは、住んでいる場所によって決まります。州ごとに独自の祝日をもうけることができるからです。たとえば、**聖金曜日(Good Friday)** や**コロンブス・デー(Columbus Day)** は多くの州で祝日とされていますが、**マルディグラ(Mardi Gras)** はルイジアナ州だけの祝日です。

　レストランや商店にとって、祝日はかきいれどき。セールなどのイベントがここぞとばかりに行われるため、サービス業の人は休んでいられません。11月の感謝祭の翌日にはクリスマス・ショッピングのシーズンに突入しますし、クリスマスがすぎれば大規模な**歳末バーゲン(end-of-year sales)** が始まります。混雑が苦手な人は、この時期のショッピングは避けたほうがいいでしょう。

イギリスやカナダには**クリスマスの贈り物の日(Boxing Day)** という祝日が12月26日にありますが、アメリカにはこれはありません。また、カナダにも感謝祭はありますが、11月ではなく10月の第2月曜日です。
イギリスではコマドリ(**robin**)が冬の訪れを告げる鳥とされ、よくクリスマスカードなどに描かれます。アメリカにはこうした風習はありません。

休日と休暇

アメリカならではの祝日といえば、独立記念日と感謝祭です。

　独立記念日(Independence Day)は7月4日。アメリカ人はふつう、この日のことを**Fourth of July**と呼びます。長く続いた独立戦争に勝利し、1776年7月4日に「独立宣言」(Declaration of Independence)が署名されたことを記念した祝日です。人々はこの日、バーベキュー・パーティを楽しみ、夜には恒例の花火(fireworks)が行われます。ちなみに「独立戦争」は、アメリカではthe Revolutionary Warと言いますが、イギリスではいまだにthe American Rebellion(rebellionは「反乱」の意味)と呼ぶことがあります。その理由はおわかりですよね。

　感謝祭(Thanksgiving Day)は11月の第4木曜日。この日はどこの家でも家族が集まり、山ほど食事をします。この食事を通して、メイフラワー号でアメリカに上陸して植民地を開いた開拓民**「ピルグリム・ファーザーズ」(Pilgrim Fathers / Pilgrims)**の苦労に思いをはせ、彼らが手にした最初の収穫に感謝する、ということになっています。もともとは、白人の開拓者が**ネイティブ・アメリカン(Native American)**の人々と一緒に祝う祭りでした。開拓者がアメリカで生きていけたのは彼らの助けがあったからなのです。
　感謝祭のディナーといえば、つめ物入りのローストターキーにクランベリーソース、パンプキンパイが定番です。ベジタリアンやダイエット中の人はお気の毒ですね！
　感謝祭には、多くの人が日曜日まで休みをとって、家族とともにすごします。故郷に帰る人も多いため、感謝祭の週末

は1年でもっとも人の行き来があわただしくなります。家族と一緒に祝えない人をホームパーティに招く人もたくさんいます。

　ニューヨークではこの日、有名デパートの「メーシーズ」が後援する感謝祭パレードが行われ、おなじみのコミックのキャラクターをかたどった巨大な風船が通りをねり歩きます。また、アメリカンフットボールの試合が各地で行われます。テレビ中継に触発されて、外に出てタッチフットボール（touch football。タックルの代わりに相手にタッチするアメリカンフットボールのこと）をする人が多いのも、この日ならでは光景です。

　祝日ではありませんが、アメリカで今でもさかんに祝うのが10月31日の**ハロウィーン(Halloween)**です。HalloweenとはI、もともとAll Hallows' Eve（諸聖人のイブ）の意味。11月1日のAll Saints' Day（諸聖人の祝日、万聖節）の前日に、死者の亡霊が墓から起き出して人間に悪さをすると考えられていたことから来ています。現在は、子供たちがコスチュームに身を包み、**trick-or-treating**（近所の家々を**"Trick or treat."**「お菓子をくれなきゃ悪さをするぞ」と言って回ること）をする日となっています。

　ハロウィーンにつきものなのが、カボチャちょうちん（jack-o'-lantern）や魔女、黒猫、ガイコツなどの飾り物です。多くの人が家に飾りつけをしたり、子供たちにお菓子をあげたり、仮装パーティ（costume party）に出かけたりして、この日を祝います。学校でもパーティや仮装パレードが行われます。

　2月14日の**バレンタイン・デー(St. Valentine's Day)**も、

祝日ではありませんが、今でも人気の高い日です。人々はバレンタイン・カード(valentine)やお菓子、花といったプレゼントを贈り合います。本来は恋愛感情を表現する日ですが、学校ではクラス全員の子供たちでカードを贈り合います。街からクリスマスの飾りつけが外される頃には、もうバレンタインのピンクと赤の飾りつけが現れます。

> 3月17日は**聖パトリック・デー(St. Patrick's Day)**。これはアイルランドの守護聖人を祝う祭りで、アイルランド移民の多いアメリカでは大きなイベントです。特にアイルランド系の多い都市では盛大なパレードが行われ、アイルランド系でない人も緑色のものを身につけたり、緑に色づけしたビールを飲んだりします。子供たちの間では、緑色を身につけていない人はつねっておしおきをしてもいいことになっています。**緑はアイルランドのナショナルカラー**であり、この色を身につけることには故国のアイデンティティーを守るという意味があるのですが、一般のアメリカ人はそうしたことをまったく知らずに楽しんでいます。

アメリカ人の休暇

世界でもっとも豊かな国のひとつであるアメリカからは、毎年多くの人が世界中に旅行に出かけます。変わらぬ人気があるのは、「10日間でヨーロッパ14か国周遊」といったタイプのパックツアー。限られた日数とお金を最大限生かせるため、**"より多いことはいいことだ"(More is always better.)** と考えるアメリカ人にぴったりなのです。

若い世代の人々は、型にはまらないバックパックの旅(backpacking)を好みます。実際、最近の大学生は必ずといっていいほどバックパックでヨーロッパ旅行に出かけ、まるで大学の必須科目になっているかのようです。その昔、英国

の上流階級の子弟がヨーロッパを巡遊した「大旅行」(Grand Tour)さながらですね。

国内旅行もさかんです。週末休暇を長めにとり、ゴルフやスキー、川下り(rafting)、釣り、はたまたショッピングといった特定のアクティビティーを目的として、国内のあちこちに出かけます。**国立公園(national park)**など、美しい自然を満喫できる場所は特に人気があります。

車での旅(road trip)やキャンプに出かける人もいます。自家用車やRV車(RV=recreational vehicle)に乗りこめば、誰の手も借りずに自分のペースで旅ができます。家族づれには、フロリダ州のWalt Disney Worldなどの**テーマパーク(theme park)**が人気です。テーマパークはアメリカ人が発明し、高度に発展させた遊園地で、家族全員に娯楽を提供してくれます。

> RV車での旅は、特に退職した夫婦の定番となっています。仕事を引退すると、それまで住んでいた大きな家を売り、小さなアパートとRV車を買います。夫婦ふたりで遠い町に住んでいる子供に会いに行ったり、有給休暇が2週間足らずだった現役時代にはできなかったアメリカの**名所見物(seeing the sights)**をしたりするのです。

学校の休暇

アメリカで一番長く休暇をとれるのは、小・中・高校生と大学の学生たちです。1学年は6月初め頃に終了し、次の学年が始まる8月末か9月初めまで、長い夏休みに入ります。祝日である**レイバー・デー(Labor Day)**は9月の第1月曜日ですが、これが夏の終わりと新学年の始まりを意味する節目の日とされています。

ということは、子供たちは3か月間も学校から放り出されることになります。親たちの多くは、わが子を**camp（キャンプ、林間学校）**に送りこみます。campでは美しい自然の中で食事と寝床が与えられ、水泳やハイキング、スポーツや手工芸などを楽しむことができます。そのほか、乗馬キャンプやテニスキャンプ、演劇キャンプといった、特定の活動を目的としたcampや、住宅街の近くにある昼間だけのday campもあります。こうしたcampに子供を預けるほか、多くの家庭では夏の間一度は家族旅行に出かけます。それが子供のため、家族のためだと考えるからです。

旅の計画は自分で

　休暇旅行を手配する方法はさまざまあります。**旅行代理店(travel agency)**に相談する人もいれば、電話やインターネットを使って、航空会社やホテルに直接申し込むこともできます。まったくなじみのない土地に旅する場合以外は、料金前払い(prepaid)のパック旅行はあまり利用しないのがふつうです。

休日と休暇の単語集

【camp】
キャンプ、林間学校。子供たちが夏休みをすごすため、自然の中に作られた施設。簡単な宿泊施設があり、さまざまなアクティビティーを楽しむことができる。乗馬キャンプや野球キャンプなど、特定のアクティビティーを目的としたキャンプもある

【camper】
1）キャンプをする人　2）キャンピングカー。中にベッドや簡易キッチンが備えられた車で、車両の後ろにつないで移動する

【Chinese New Year】
旧正月。陰暦の正月のことで、年によって1月または2月にあたる。アメリカでは中国系の住民が爆竹を鳴らしたり、竜（dragon）などの人形を飾ってパレードをしたりする

【Cinco de Mayo】
シンコデマヨ。5月5日。1862年のこの日、メキシコのプエブラという都市でフランス軍を破ったことを記念したメキシコの祝日。アメリカでは近年、メキシコ系住民が自分たちのルーツを確認し、祝うイベントになっている。メキシコがスペインから独立した日だと誤解している人もいるが、これは誤り

【Columbus Day】
コロンブス・デー（コロンブスの日）。正式には10月12日だが、現在はだいたい10月の第2月曜日に設定されている。クリストファー・コロンブスが1492年のこの日にアメリカ大陸（the New World）に到着したことを記念した祝日

【Father's Day】
父の日。6月の第3日曜日。父親を称え、感謝する日

【Fourth of July】
独立記念日（Independence Day）の一般的な呼称

【Good Friday】
聖金曜日。復活祭（Easter。キリストの復活を祝う日）の前の金曜日で、祝日に制定している州もある

【Groundhog Day】
グラウンドホッグ・デー（マーモットの日）。2月2日。この日、groundhog（マーモット属のウッドチャックという動物）が巣穴から出て自分の影を見れば（つまり晴れていれば）春の訪れまでまだ6週間かかり、影を

見なければ春の訪れが近いとされる。祝日ではないが、伝統的に広く知られている

【Halloween】
ハロウィーン。10月31日。祝日ではないが、広く人気を集めている日。子供たちは衣装に身を包み、近所の家々を回ってお菓子をねだる。仮装パーティもよく開かれる

【Hanukkah】
ハヌカー。毎年12月に行われるユダヤ教の祭り。紀元前165年にエルサレムの寺院を異教徒から取り戻し、宗教の自由を回復したことを記念する日。儀式で聖火を灯すのに使ったわずかなオリーブオイルが奇跡的に8日間涸れなかったという言い伝えから、現在でもハヌカーの8日間、毎日1本ずつろうそくが灯される

【the holidays】
ハヌカーからクリスマス、お正月までの時期のこと。11月の感謝祭から含めることも多い。この時期のカードや飾りつけには"Happy Holidays!"という言葉がよく使われる

【Independence Day】
独立記念日。Fourth of Julyの正式名称。アメリカ合衆国が英国から独立し、独立宣言(Declaration of Independence)を採択したことを記念する祝日。スピーチやパレード、花火などが行われ、人々はピクニックやバーベキューをして楽しむ

【jack-o'-lantern】
カボチャちょうちん。カボチャをくりぬいて目鼻を彫り、中にろうそくを灯したもので、ハロウィーンの飾りつけに使う

【Kwanzaa】
クワンザ。12月26日から1月1日までの7日間。1966年に制定されたアフリカ系アメリカ人の祭りで、古代アフリカの収穫祭にもとづいている。クワンザには「信仰」「共同生活」「目的」などの7つのテーマがあり、期間中は毎日ひとつのテーマにまつわる行事が行われる

【Labor Day】
レイバー・デー(労働の日)。9月の第1月曜日で、夏の終わりを告げる祝日とされている。労働者を称える日であり、ピクニックやバーベキューをして楽しむ

【Martin Luther King Day】
マーティン・ルーサー・キング牧師の日。1月の第3月曜日。公民権(civil rights)運動に命を捧げたキング牧師の生誕を記念する祝日

【Memorial Day】
メモリアル・デー、戦没者追悼の日。5月の最終月曜日。戦死した兵士を追悼する祝日。追悼式（memorial service）やパレードが行われる。夏が始まる節目の日とされ、人々はこの日もまたピクニックやバーベキューを楽しむ

【Mother's Day】
母の日。5月の第2日曜日。母親を称え、感謝する日

【motor home】
キャンピングカー。車両につなぐタイプではなく、単独で走行できるもの

【New Year's Day】
お正月、元日。1月1日の祝日。大晦日（New Year's Eve）の12月31日にはパーティに出かけ、真夜中に大騒ぎするのが恒例

【personal days】
個人休暇、任意休暇。有給休暇以外に社員に与えられる休暇のこと。仕事時間にできなかった活動などにあてるのが一般的

【Pilgrims】
ピルグリム・ファーザーズ（Pilgrim Fathers）のこと。1620年、イングランドのプリマスからメイフラワー号で出航し、現在のマサチューセッツ州プリマスに上陸して、植民地を開いた清教徒の移民団

【Presidents' Day】
大統領の日。2月の第3月曜日。初代大統領ジョージ・ワシントンの誕生日（2月22日）と第16代大統領エイブラハム・リンカーンの誕生日（2月12日）を記念した祝日

【Ramadan】
ラマダン、断食月。回教暦（Islamic calendar）の9番目の月で、秋の終わりか冬の初めにあたる。イスラム教徒が断食し、祈りを捧げる期間

【Rosh Hashanah】
ローシュ・ハッシャナー。ユダヤ教の新年祭で、秋に行われる

【RV】
RV車（=recreational vehicle）。キャンピングカー（camperまたはmotor home）など、居住スペースを備えた旅行用の車のこと

【spring break】
春休み。小・中・高校や大学で、春学期の半ばに1週間ほど与えられる休暇のこと。高校生や大学生が保護者同伴ではなく自分たちだけでビーチリゾートへ行く休暇として知られている

【St. Patrick's Day】
聖パトリック・デー。3月17日。

アイルランド系アメリカ人だけでなく、"その日だけアイリッシュ"な人も、アイルランドにまつわるさまざまなイベントを楽しむ日

【St. Valentine's Day】
バレンタイン・デー。2月14日。赤やピンクに彩られたカードや花、ハート型のお菓子などを贈り合って、愛と友情を祝う日

【Thanksgiving / Thanksgiving Day】
感謝祭。11月の第4木曜日。ピルグリム・ファーザーズ（Pilgrims）が開いたプリマス植民地で、1621年に最初の収穫を得たことを記念した祝日

【theme park】
テーマパーク。特定のテーマやキャラクター、または人物などをメインコンセプトとして作られた遊園地。DisneylandやWalt Disney Worldのほか、Sea WorldやUniversal Studio、歌手のドリー・パートン（Dolly Parton）が発案したDollywoodなどがある

【travel agency】
旅行代理店。客のために旅行の手配を行う業者。イギリス英語ではtravel agent

【trick-or-treat】
ハロウィーン（Halloween）に、子供たちがコスチュームに身を包んで近所の家々の戸口を訪れ、treat（「ごちそう」の意味。この場合は「お菓子」のこと）をくれないといたずらするぞ、と言って回ること

【valentine】
バレンタイン・カード。バレンタイン・デーに贈る、愛や友情の言葉が書かれたカードのこと

【Veterans Day】
退役軍人の日。11月11日。軍隊を退いた退役軍人（veteran）を称える祝日。もともとは第一次世界大戦の終結を記念する「休戦記念日」（Armistice Day）だったが、1954年に改称され、軍務で国につくしたすべての軍人を称える日となった

【Yom Kippur】
ヨム・キップール、贖罪の日。秋に祝うユダヤ教の祭日で、断食をし、罪の許しを請う祈りを捧げる

休日と休暇

チップの話
Tipping

　アメリカでは、**チップ（tip または gratuity）**は非常に大切なものです。そのため、ここでちょっとページをさいて、チップに関する基本的な知識をご紹介しましょう。

　アメリカにはチップが収入の大半を占めている人がたくさんいます。レストランやタクシー、バーなどでは、いつも気前よく払うようにしましょう。

　レストランでのチップは**合計額の15%**が相場ですが、20%近く払う場合もあります。目安としては、たとえば消費税（sales tax）が 8 パーセントの州では、その 2 倍の16パーセント前後をチップとして払うといいでしょう。これで給仕人（server）も満足できる金額になるはずです。

　チップは**基本的には必ず払うべきもの**ですが、サービスが悪かった場合には、チップを少なめにしてもいいでしょう。もしも非常に不快な思いをさせられた場合には、まったく払わなくてもかまいませんが、その店には二度と行かない覚悟が必要です。店員はチップの払いが悪かった客は絶対に忘れないからです。

> レストランでは、料理の値段にサービス料は含まれていないのがふつうですが、大人数のグループ客には15％のサービス料を求める店もあります。サービス料についてなんらかの規定をもうけている場合には、**メニューに記載すること**が法律で義務づけられています。

バーでは、お酒の額の10〜15％をバーテンダーにわたすのが決まりです。チップが足りないと、お代わりを頼んだ時に1杯目よりも薄いお酒が出てくるかもしれません。給仕人がお酒をテーブルに運んでくるタイプの店では、先ほどの**「15％ルール」**に従います。

タクシーの運転手には、運賃の15％前後をチップとして上乗せします。美容院やエステサロンなどでもチップは15％。美容師やマッサージ師のアシスタントにも1〜2ドルずつわたします。サロンの経営者にはチップを払う必要はありません。

ホテルでは、荷物を運ぶ「ベルボーイ、ポーター」(bellhop) に、荷物ひとつにつき1〜2ドルわたすのが習慣です。また、部屋の掃除係のため、毎日1〜2ドルを部屋に残しておきます。ドアマン (doorman) にタクシーを呼んでもらった時にも1〜2ドルわたし

ます。

　そのほか、料理を個人の家に届ける宅配業者など、なんらかのサービスをしてくれる人には常にチップを払います。ここでもチップは合計額の15%と覚えておきましょう。

　ただし、配管工（plumber）や電気工（electrician）など個人宅の修理を担当する人には、チップは払わないのがふつうです。

イギリスでは、料金にサービス料が含まれている場合（**service included**）には、必ずしもチップは必要ではありませんが、それでも**お釣りの小銭や料金の10%ほど**をチップとして置くのが習慣になっています。また、タクシーやホテルのポーターなどには、アメリカと同じくチップをわたします。

Chapter 5

スポーツとレジャー

Sports and Leisure

アメリカ人はスポーツが大好きです。
中でも人気の高いものと言えば、
野球にアメリカンフットボール、
バスケットボール。この章では、
さまざまなスポーツイベントのほか、
映画やミュージカル、テレビ、ラジオなど、
アメリカ人の余暇のすごし方について
ご紹介しましょう。

文化を読むカギ 🌙 ★★★★★★★★★★★★★★★

アメリカ人は**スポーツを愛しています**。自分でプレーするのも観戦するのも大好き。大多数のアメリカ人にとって、スポーツは**余暇(leisure time)**の重要な部分を占めています。

自分のひいきのチームに対しては、時にはかなり熱狂的になることもありますが、どこかの国のようにファンが暴徒化することはまずありません。

国外のスポーツへの関心は低く、メディアでもあまり取り上げられないのがふつうです。

米語・英語の間違いのカギ 🌙 ★★★★★★

	American	**British**
アメリカンフットボール	football	American football
サッカー	soccer	football
フィールドホッケー	field hockey	hockey
アイスホッケー	hockey	ice hockey
試合	game	match
(スポーツの)グラウンド	field	pitch
競走(馬)場	racetrack	racing track
チーム	team	side
(テレビ・ラジオの)番組	show / program	programme
広告、コマーシャル	commercial	advert
映画	movie	film
映画館	movie theater	cinema
(劇場の)バルコニー席	mezzanine	dress circle

(劇場の)1階の特等席	orchestra	stalls
(演劇などの)幕間	intermission	interval
料理	cooking	cookery
チェッカー、西洋将棋	checkers	draughts
ボウリング	bowling	tenpin bowling
スロットマシン	slot machine	fruit machine

「トムは野球チームに入っている」
　米：Tom is **on** the baseball team.
　英：Tom is **in** the baseball team.

チーム名は、アメリカでは単数扱い、イギリスでは複数扱いになります。

「シカゴが6対0でリードしている」
　米：Chicago **is** leading 6-0.
　英：Chicago **are** leading 6-0.

アメリカ英語らしさのカギ ★★★★★★

　イギリスだけでなく、世界のほとんどの国で**football**(または football から派生した名称)と呼ばれるスポーツは、アメリカでは **soccer** と言います。soccerは「サッカー」の正式名称である association football から来た短縮語。アメリカ人にとって、**footballと言えば、アメリカンフットボール以外の何ものでもない**のです。

　ひいきのチームに対して「…を応援している、…のファンである」と言う時、イギリスでは support...と言いますが、アメリカでは follow... または be a fan of... と言います。

アメリカの3大スポーツ

　広大で多様な国・アメリカでは、人々の余暇のすごし方もさまざまですが、ほとんどのアメリカ人にとって、スポーツが人生の大きな部分を占めていることは確かです。スポーツに**参加する人(participant)**もいれば、**観戦する人(spectator)**もいます。観戦スポーツの中でもっとも人気が高いのが、**野球**と**アメリカンフットボール**、そして**バスケットボール**。いずれもアメリカならではのスポーツと言っていいでしょう。

野球

　国技でもある野球は、とても人気があるだけでなく、アメリカ英語の単語や熟語にも大きな影響を与えています。たとえば、何かをしようとして「失敗した」時は**struck out**(三振した)と言いますし、「おおよその数」は**ballpark figure**(直訳すると「野球場的な数字」)と言います。**get to the first base**(1塁に達する)は、「とりあえず(第1段階で)成功する」「(恋愛対象としての異性と)キスまでいく」の意味。また、**pinch hitter**(ピンチヒッター、代打)は「(緊急の場合の)代役」という意味でよく使われます。

　野球は子供たちの人気スポーツでもあります。学校の野球チームに入ったり、**「リトルリーグ」(Little League)**と呼ばれる野球とソフトボールの全国組織でプレーする子供たちもたくさんいます。大学野球もさかんで、優秀な学生はプロへの道を歩みます。一般の人でも趣味として野球を楽しんでいる人は多く、職場の同僚とチームを組んでライバル会社と対

戦、なんてことも。アマチュアのリーグもアメリカ各地にあります。

プロ野球には、一部リーグ(major league)に属する球団と、二部リーグ(minor league)に属する球団とがあります。一部リーグというのが、おなじみの**「大リーグ」(MLB＝Major League Baseball)**です。MLBには**アメリカンリーグ**(American League)と**ナショナルリーグ**(National League)という2つのリーグがあり、毎年4月から10月までのシーズンを戦ってリーグ優勝を争います。両リーグの優勝チームが対戦して全米一を決めるのが、**「ワールドシリーズ」(World Series)**と呼ばれる決勝戦です。

> MLBに所属している外国チームはカナダのチームだけですが、決勝戦はなぜか「ワールドシリーズ」と呼ばれます。同じくプロ・バスケットボールでも、やはり外国チームはカナダだけなのに、決勝戦は**「ワールドチャンピオンシップ」(World Championship)**と呼ばれています。

アメリカンフットボール

イギリスをはじめ、世界のほとんどの国でfootballと言えば「サッカー」のことですが、アメリカで**football**と言えば、**「アメリカンフットボール、アメフト」**のこと。これはラグビー(rugby football)に似た競技で、footballという名前もここから来たものです。11人ずつの2チームで戦います。選手はみな大男ばかり。その上、防具(protective equipment)を身につけるため、さらに大きく見えます。

小学校や中学校にはたいがいアメフトのチームがあります。アメフトに限らずスポーツチームに入ることは、学校内

でその生徒のステータスが上がることを意味します。大学フットボール(college football)は観戦スポーツとしても人気が高く、企業とのスポンサー契約やテレビの放映権料などで、大学側にとっても莫大な収益源となっています。大学フットボールのシーズンは毎年8月後半から始まり、お正月前後に全米の優秀チームによる選抜試合**「ボウルゲーム」(bowl games)**が各地で行われて、シーズンが終わります。

プロリーグは**National Football League(NFL)**。シーズン戦は夏の終わりから1月まで。毎年1月の最終日曜日に行われる優勝決定戦**「スーパーボウル」(Super Bowl)**は、アメリカ最大のスポーツイベントと言えるでしょう。

> アメリカでもラグビーの試合が行われることはありますが、おそらくこれがイギリス植民地時代の遺産としては唯一のものでしょう。同じ英国産のクリケットは、アメリカではまったく根づきませんでした。アメリカには野球がありますからね!

バスケットボール

バスケットボールは、アメリカでもっとも人気の高い観戦スポーツのひとつですが、一般の人が気軽にプレーできる球技としても人気です。ボールとゴールネット(basket)さえあれば誰にでもできますし、公園や公共の施設にはバスケット・コートがよくあります。

プロ競技としてのバスケットボールは、今やプロスポーツ界でアメリカ最大の利益を生み出す産業となりました。トップ選手たちはチームからの報酬に加えて、シューズなどの商品を宣伝することで巨額の収入を得ています。プロチームをたばねているのは**NBA(National Basketball Associ-**

ation)。毎年夏の初めに、**「ワールドチャンピオンシップ」(World Championship)**または**NBA Finals**と呼ばれる決勝戦を行います。

大学バスケットも人気があり、試合はプロと同じぐらいテレビ中継されます。毎年春には、**NCAA（全米大学競技協会）**主催のトーナメントが行われ、March Madness（3月の熱狂）と言われるほどの過熱ぶりを見せます。特に、準決勝に残った4大学はthe Final Fourと呼ばれます。

そのほかのスポーツ

ゴルフにテニス、スキー、水泳、サイクリングなどなど、アメリカ人が好むスポーツはほかにもたくさんあり、こうしたスポーツを楽しめる公共の施設が各地にあります。**サッカー**も、特に子供やティーンエージャーを中心に人気が高まってきましたが、プロレベルではまだ今ひとつのようです。**アイスホッケー**も、北部の地域だけでなく全米で人気があります。

> **hockey**と言えば、イギリス英語では「フィールドホッケー」を指しますが、アメリカ英語では「アイスホッケー」のこと。フィールドホッケーは **field hockey** と言いますが、あまり一般的ではなく、主に高校・大学の女子学生のスポーツ、というイメージです。

余暇に楽しむスポーツの中でも、世代を超えて全米で人気があるのが**ボウリング（bowling）**です。ボウリング場（bowling alley）は全国どこにでもあり、ほんの数ドルでプレーを楽しむことができます。アマチュアリーグもありますし、仲間でボウリング大会を楽しむ人もいます。

> イギリスでは芝生で行うローンボウリング（**lawn bowling**または**bowls**）が人気で、**crown green bowling**と呼ばれるリーグ競技も行われていますが、アメリカでは一般的ではありません。

スケート(skating)と言えば、**ローラースケート**のこと。車輪が2列に並んだローラースケート靴(roller skates)に代わって、最近は車輪が1列に並んだインラインスケート靴(in-line skates)のほうが主流になっています。ただし、ふだんの会話では、インラインスケート靴の商標名「ローラーブレード」から、in-line skatingよりも**rollerblading**という語のほうがよく使われます。町なかの歩道をスケートする人も多く、公園や海岸沿いの遊歩道にはよくスケート専用レーンがもうけられています。roller rinkと呼ばれる「スケート場」では、屋内で音楽に耳を傾けながらすべることができます。

アイススケート(ice skating)を楽しむ人には、屋内のice rink(アイススケート場)があります。凍結した池や湖ですべる人もいます。

フィットネス大好き

肥満大国として知られるアメリカですが、余暇に**運動(exercise)**をする人もかなりの数にのぼります。車社会のアメリカでは、スーパーマーケットさえ車で行ってしまうため、散歩(casual strolling)から本格的な**ウォーキング(power walking)**まで、歩くことが「運動」になっているのです。ジョギング(jogging)やランニング(running)もお金のかからない手軽な運動です。

ジム(gym)やスポーツクラブ(health club)もいたるところ

にあります。料金が比較的安いため、会員にはなってみたものの三日坊主、という人も多いようです。一方で、ほとんど宗教的とも言えるほど熱心にジムに通う人々もいます。

テレビは娯楽の王様？

情けないことですが、人々の余暇のメインイベントといえば、今やテレビを見ること、という時代になってしまいました。代表的なネットワークは**ABC**、**NBC**、**CBS**の3局。**network**とは**「放送網」**の意味で、制作した番組を地方の系列局(affiliate)を通して各地で放送する、全米規模のテレビ局のことです。現在はネットワークの数も増えましたが、この3局はもっとも歴史があり、今でも大きな影響力を持っていて、**the Big Three(3大ネットワーク)**と呼ばれています。これらはすべて、広告収入でなりたっている商業放送局(commercial network)です。各局にとってはニールセン視聴率(Nielsen ratings)が非常に重要で、視聴率の悪い番組はすぐに打ち切られてしまいます。各ネットワークはたいがいVHF(very high frequency。超短波)で放送されています。

全米ネットのひとつに、**PBS**(Public Broadcasting System。全米公共放送網)という局があります。これは商業放送局ではなく、公的機関や企業、個人からの出資によって運営されています。教育や芸術に関する番組が多く、イギリスの番組をよく放送することでも知られています。

ネットワークのほか、独立系の地方局も全米各地にあります。地方局では古い映画を放送したり、宗教番組や地域レポートなど特色ある番組が多く、たいがいUHF(ultra high frequency。極超短波)で放送されてます。

これでもまだ足りないという方には、**ケーブルテレビ(cable television)**があります。名画専門やアニメ専門、あるいは女性向け、子供向け、スペイン語話者向けといった多くのチャンネルがあり、**有料視聴制(pay-per-view)**のチャンネルもあります。ただし、ネットワークには番組の内容を規制する法律がありますが、ケーブルテレビはこの法律の対象外であるため、ネットワーク各局では放送できないような暴力シーンや性表現、ひわいな言葉を含んだ番組を放送することもあります。

> 無料で楽しめるチャンネルは7つ前後。PBS以外のチャンネルでは、コマーシャルが頻繁に流れます。イギリスではテレビのある全世帯が**年間受信料**を払うよう法律で決まっていますが、アメリカには受信料制度はありません。ケーブルテレビの場合は月ごとに基本視聴料を払い、映画チャンネルなど有料チャンネルを選べばさらにお金がかかります。衛星テレビもありますが、まだそれほど一般的ではありません。

ラジオ

　アメリカ全土には何千もの**地方ラジオ局(local radio station)**があり、さまざまな内容の番組を放送しています。ありとあらゆる音楽はもちろん、さまざまなテーマについてトークをくりひろげるトークショー専門局もたくさんあります。全国ネットのラジオ局は少ないですが、NPR (National Public Radio)という局は、ちょうどテレビのPBSと同じように、ニュースや時事情報、文化的な番組などを全米ネットで放送しています。ラジオ局のほとんどは商業放送局ですが、大学などの公共機関が運営している、コマーシャルのないラジオ局もあります。

アメリカ人がもっともラジオを聴くのは、車を運転している時間です。平日の通勤時間帯には、通勤者用の**drive-time program**が放送されます。

映画と映画館

娯楽の代表選手といえば、映画です。自宅でビデオやテレビで見る人もいれば、**映画館(movie theater)** に行く人もいます。映画館のチケットは、通常5ドルから10ドルと比較的安めですが、ロサンゼルスやニューヨークといった大都市ではやや高くなります。各映画館やマルチプレックス(multi-plex。スクリーンがいくつも入った複合型映画館)では、季節や曜日によってさまざまな割引きを行っています。

新作を上映する「封切り館」(first-run theater)よりも少し遅れて上映する「二番興行館」(second-run theater)もあり、チケットは1～2ドルとかなり安くなります。大きめの都市には、昔の名画や芸術映画、外国映画などを専門に上映するrevival theaterやart movie theaterもあります。

> ある**「映画作品」**について言う時、イギリス人はfilmという語を使いますが、アメリカ人はmovieを使います。ただし、「映画、映画業界」という媒体自体のことを言う場合は、アメリカでもfilmまたはcinemaを使うことがあります。
> **「映画館」**は、イギリス英語ではcinemaですが、アメリカ英語ではmovie theaterまたはmovie house。ただし、アメリカでも映画館の名前にcinemaという語が入っているものもあります。
> 「映画に行く」は、イギリスではgo to the cinema(映画館に行く)という言い方をしますが、アメリカではgo to the movies(映画に行く)と言います。イギリスには席によって値段が違う映画館がありますが、アメリカでは子供料金やシニア料金を別として、1軒の映画館の席の値段はすべて一律です。

アメリカの映画には、次のような**観客規制システム(rating system)**があります。規制された年齢よりも若く見えるお客には、映画館がIDの提示を求めることがあります。

G　一般向き(general)。すべての観客向け

PG　子供は保護者同伴が望ましい(parental guidance suggested)

PG-13　13歳未満の子供は保護者同伴が望ましい

R　準成人向け映画(Rはrestricted「制限された」の意味)。17歳未満は保護者同伴の義務あり

NC-17　成人向け映画(not for chirdren)。17歳未満禁止

ブロードウェイとオフブロードウェイ

演劇やミュージカルもさかんです。最新のヒット作がニューヨークの**ブロードウェイ(Broadway)**で上演されるほか、全米各地で多くのプロ・アマ作家による**オフブロードウェイ**作品(**off Broadway**。ブロードウェイよりもマイナーな演劇作品のこと)が上演されます。ブロードウェイ作品の多くは、巡業劇団(touring company)によってニューヨーク以外の主要都市でも公演されます。質はブロードウェイにひけをとらないものですが、スター俳優は巡業に参加しないこともあります。特に大ヒットした作品は、ロサンゼルスやシカゴで拡大公演(extended run)が行われますが、ニューヨークが演劇界の中心であることには変わりありません。

> 劇場のチケットを買う際には、席の名称がアメリカとイギリスで違うことを覚えておきましょう。アメリカ英語では「特等席(ステージやオーケストラボックスに近い1階席)」は**orchestra**(イギリス英語では**stalls**)、「(1階の上の)バルコニー席」は**mezzanine**(イギリス

英語では**dress circle**)と言います。「天井桟敷の客」を**"the gods"**と呼ぶのはイギリスだけの習慣です。

ギャンブル

ギャンブル、賭博(gambling)はアメリカのほとんどの州で違法ですが、ラスベガスのあるネバダ州とアトランティックシティのあるニュージャージー州だけは例外です。そのほか、ミシシッピ川を運航する観光船とネイティブ・アメリカンの居留地は、州の賭博法の対象から特別に免除されており、船内や居留地で**カジノ(casino)**を運営するネイティブ・アメリカンの人々にとって大きな収入源となっています。

> ヨーロッパなどでは、カジノは洗練された社交場という雰囲気がありますが、アメリカのカジノはもっとカジュアルで、一般に**ドレスコード (dress code。服装規定)**もありません。イギリスでは「(カジノなどの)賭博場の客」を**punter**と言いますが、アメリカ英語で**punter**と言えば「(アメフトの)パンター」を指します。また、コインを入れて絵柄を合わせる「スロットマシン」は**slot machine**。イギリスでは**fruit machine**とも言います。

競馬(horse racing)やグレイハウンドを使った**ドッグレース(greyhound racing)**は合法で、各地に競走場(racetrack)があります。ただし、コネティカット州とネバダ州、ニューヨーク州以外では、場外で馬券を買うoff-track betting (OTB)は違法です。その他のスポーツで賭けをすることは、オレゴン州とネバダ州以外ではすべて禁止されています。

宝くじ(lottery)は多くの州で行われており、カードの表面をけずる「スクラッチカード」(scratch card)方式も人気です。ただし、国が運営する宝くじはありません。

スポーツとレジャーの単語集

【affiliate】
系列地方局。全米ネットワークが制作した番組や、独自に制作した番組を放送する地方テレビ局のこと

【athletics】
スポーツ一般のこと

【baseball】
野球

【basket】
バスケットボールのゴールネットのこと。また、バスケットボールでは「得点」のことをbasketと言い、goalとは言わない。ただし、通常のプレイ中にコートからスローした得点はfield goalと言う

【batter】
(野球の) バッター、打者

【bowl game】
毎年1月1日前後に行われる大学フットボール選抜試合。そのシーズンに優秀な成績を上げた大学チームが参加して、各地域や連盟ごとに行われる大会であり、ひとつの優勝校を決めるものではない

【bowling】
ボウリング

【bowling alley】
ボウリング場

【call letters】
コールサイン、呼び出し符号。各テレビ・ラジオ局に割り当てられた4けたのコードのこと。Kから始まるコードはミシシッピ川以西に位置する局であり、Wから始まるコードは以東の局

【commercial】
(テレビ・ラジオの) コマーシャル。イギリス英語ではadvert

【diamond】
(野球で) 内野、または野球場のこと。4つの塁を結んだ形をダイヤモンドに例えてこう呼ばれる

【down】
(アメリカンフットボールで) ダウン。ひとつのチームに与えられる4回の攻撃権のうちのひとつ。4回のダウンの間に相手ゴールに向かって10ヤード以上ボールを進められれば、そのままボールを保持することができ、さらに4回のダウンが与えられる

【draft】
ドラフト。スポーツのプロチームが大学やアマチュアの新人選

手を採用する交渉権を得るためのシステム

【drive-time program】
平日の通勤時間帯のラジオ放送。自家用車で通勤する人向け

【end zone】
(アメリカンフットボールで)エンドゾーン。ゴールラインとエンドラインの間のエリアのこと。ゴールポストはこのエリアに立っている

【field goal】
フィールドゴール。アメリカンフットボールのfield goalは、キックしたボールが相手ゴールポストの間を通過したゴールのことで、3点の得点となる。バスケットボールのfield goalは、通常のプレー中にコートからスローしたゴールのことで、2点の得点となる。なお、特定のラインより外側からスローした場合は3点の得点になる

【football】
アメリカンフットボール、アメフト。11人ずつの2チームで争い、選手はヘルメットやつめ物入りの防具を装着する。ラグビーにやや似た球技で、ボールを持って走ったりパスやキックをしながら、ダウン(p.122 down参照)と呼ばれるプレーによって前進し、ボールが相手ゴールラインを越えると得点となる。イギリス英語でfootballは「サッカー」の意味

【franchise】
プロスポーツチームのこと。本拠地を置く自治体に問題があるとオーナーが判断した場合は、チームを売却したり、ほかの自治体に本拠地を移したりすることができる

【gridiron】
アメリカンフットボールの競技場のこと。本来は「焼き網」の意味で、アメフトのフィールドに焼き網のようにラインが引いてあることから、こう呼ばれる

【home run / homer】
(野球で)ホームラン、本塁打

【ice rink / ice skating rink】
(屋内)アイススケートリンク

【infield】
(野球で)内野

【in-line skates】
インラインスケート靴。2列の車輪がついたローラースケート靴(roller skates)に対し、アイススケート靴の刃のように車輪が縦1列についている靴のこと

【intermission】
(演劇などの)幕間。イギリス英語ではinterval

【Little League】
リトルリーグ。8～12歳の子供のための野球とソフトボールの全国組織

【major leagues】
アメリカのプロ野球の一部リーグに属するふたつのリーグ、つまり、「アメリカンリーグ」(American League) と「ナショナルリーグ」(National League) のこと。the majors とも言う

【mezzanine】
(劇場の) もっとも低いバルコニー、またはバルコニー席のこと。イギリス英語では dress circle

【minor leagues】
マイナーリーグ。プロ野球の二部リーグのこと。一部リーグに属する球団の多くが二部リーグチームを持っており、一部リーグ入りをねらう選手にとっては、試合に出場して実力をのばすための場となっている

【movie theater】
映画館。イギリス英語では cinema

【multiplex】
マルチプレックス。複数の映画館が入った大型複合映画館

【MVP】
最優秀選手（=Most Valuable Player)。プロスポーツや大学スポーツで、試合や大会でもっともすぐれた選手に贈られるタイトル

【NCAA】
全米大学競技協会（=National Collegiate Athletic Association)。全米の1000以上の大学が所属する協会で、大学スポーツを統制している組織

【network】
テレビ放送ネットワーク。全米規模のテレビ局のことで、制作した番組は地方の系列局によって全米に放送される。主なネットワークには ABC (American Broadcasting Companies)、NBC (National Broadcasting Company)、CBS (Columbia Broadcasting System)、Fox、WB(Warner Brothers)、UPN (United Paramount Network)、PBS(Public Broadcasting System。全米公共放送網)がある

【Nielsen ratings】
ニールセン視聴率。各テレビ局が採用している視聴率調査システム

【orchestra】
(劇場の) 1階の特等席、ステージにもっとも近い席。イギリス英語では stalls

【outfield】
(野球で) 外野

【pay-per-view】
有料視聴制 (の番組)。ケーブルテレビで、番組を視聴するごとに料金がかかるシステムまたは番組のこと。ボクシングなどのスポーツや映画をあつかう番組が多い

【pickup game】
公園や町のバスケットボール・コートで、集まった者同士でプレーする試合のこと

【pitcher】
(野球で) ピッチャー、投手

【play-off】
プレーオフ、優勝決定戦。優勝チームを決めるための大会のこと。多くのスポーツで行われる

【power walking】
ウォーキング。腕を前後に大きく動かして速く歩くこと

【punt】
パント。アメリカンフットボールで、ボールを手から落とし、地面に落ちる前にキックすること。punter (パンター) は、アメリカ英語ではこのパントをする選手のことだが、イギリス英語では「(カジノなどの) 賭博場の客」の意味

【quarterback】
クォーターバック。アメリカンフットボールで、プレーの合図を出す選手。センターの選手から受けたボールを、フィールドに投げ込むか、別の選手に手渡すか、または自分でボールを持って走ることにより、攻撃を開始する

【rerun】
(テレビの) 再放送。イギリス英語ではrepeat

【revival theater】
昔の名画や外国映画などを専門に上映する映画館

【roller rink / roller skating rink】
(屋内の) ローラースケート用リンク

【run】
野球で4つの塁を1周すること。one runで1得点となる

【scratch card】
(宝くじで) スクラッチカード

【slot machine】
(コイン式の) スロットマシン。イギリス英語ではfruit machineとも言う (やや古い表現)

【softball】
ソフトボール。野球に似た球技で、野球よりも小さめのグラウンドで、やや大きく柔らかなボールを使って行う。投手は下手投げ (underhand pitch) で投球する

【Stanley Cup】
スタンリーカップ。全米ホッケーリーグ（NHL）の優勝決定戦の名称

【strike】
（野球で）ストライク。ピッチャーの投球がストライクゾーンを通過したり、バッターが空振りやファウルをした場合

【Super Bowl】
スーパーボウル。アメリカンフットボールのプロリーグNational Football League (NFL)を構成する2つのカンファレンス、American Football ConferenceとNational Football Conferenceのそれぞれの勝者同士で行う優勝決定戦の名称。毎年1月の最終日曜日に行われる。おそらくアメリカ最大のスポーツイベント

【tackle】
タックル。アメリカンフットボールで相手選手を地面に引き倒すこと

【tip-off】
チップオフ、ジャンプボール。バスケットボールの試合を開始する方法で、両チームの選手2人の間に審判がボールを投げ上げ、2人の選手が飛び上がってボールを味方選手のほうへはたき落とそうとする

【touchdown】
タッチダウン。アメリカンフットボールで、敵側のエンドゾーンにボールを持ち込むこと。6点の得点となる

【touch football】
タッチフットボール。アメリカンフットボールの一種で、防具なしでプレーする。ボールを持っている相手にタックルするのではなく、体にタッチすることで相手を止めることができる

【track / track and field】
陸上競技。イギリス英語ではathletics

【World Championship】
ワールドチャンピオンシップ。バスケットボールのプロリーグNational Basketball Association (NBA) の優勝決定戦の名称。NBA Finalsとも言い、毎年初夏に行われる

【World Series】
ワールドシリーズ。野球のプロリーグMajor League Baseball (MLB) の優勝決定戦の名称。American LeagueとNational Leagueのそれぞれの勝者同士で争われ、毎年秋の初めに行われる

Chapter 6

アメリカの教育制度

★★★★★★★★★★★★★★★★★★★★★

American Education

教育制度や学校のシステムには、
国ごとにさまざまな違いがあります。
この章では、学校にまつわる基本用語を
解説しながら、
アメリカの学校教育の特徴や
各学校のシステム、試験や奨学金、
キャンパスライフまで、
アメリカの教育制度を詳しく紹介します。

文化を読むカギ

アメリカの学校教育の目的は、ある分野だけに通じた専門家よりも、**社会に役立つ幅広い能力を持った人材**を育てることにあります。大学でも専攻は入学時には決めなくてもいいシステムになっています。専門的な学問を修めようと思ったら、大学院に進んで**修士号(master's degree)**を取るのが当然だと考えられているのです。そのため、アメリカの大学の**学士号(bachelor's degree)**は、ほかの国々で与えられる学士号ほど専門的な学位とは見なされない傾向があります。

小学校から大学まで、学生は学業でもスポーツでも、非常に強い**競争意識**を持っています。

米語・英語の間違いのカギ

	American	British
幼稚園	kindergarten	reception class
小学校	elementary school	primary school
中等学校、中学校・高校	junior high and high school	secondary school
私立学校	private school	public school
校庭、キャンパス	campus	grounds
学校区	school district	education authority
学年(〜年生)	grade	form
学期	quarter / semester	term
成績、評価	grade	mark

復習する	review	revise
専攻(科目)	major	degree course
大学院生	graduate	postgraduate

　厳密に言えば、**university は大規模な総合大学、college は university の一部または小さめの大学**を指します。イギリス人は両者を区別して使う傾向がありますが、アメリカ人はこの2つの単語を同じように使います。ただし、アメリカ英語ではcollegeは不可算名詞としてよく使います。

「私は大学に行っています、私は大学生です」
　米：I'm **in** college.
　英：I'm **at** college.

「私はオハイオ州立大学出身です」は、"I went to Ohio State University."のほか、アメリカ英語では"I went to college at Ohio State."とも言います。

アメリカ英語らしさのカギ ★★★★★★

　アメリカの高校・大学の各学年は、次のような名称で呼ばれます。

　　freshman(1年生)　**sophomore**(2年生)
　　junior(3年生)　**senior**(4年生)

　イギリスでは小学校と中学校・高校だけをschoolと呼びますが、アメリカでは大学を含めたあらゆる教育機関をschoolと呼びます。

アメリカの高校・大学教育は、ある分野だけに秀でた専門家よりも、将来仕事を通して社会に貢献できる、**幅広い能力を持った人材**を育てることを目的としています。小・中・高校の12年間を終えた学生には、high school diploma（高校卒業証書）が贈られます。**義務教育はほとんどの州で16歳まで**ですが、この卒業証書がなければ、大学に進むことはもちろん、まずまずの収入が得られる職につくことも、ほとんど不可能になってしまうのです。

アメリカの学校での**成績評価（grading）**は、勉強の成績だけでなく、学生のふだんの態度を総合的に評価するシステムをとっています。これは、アメリカ以外の国ではcontinuous assessment（平常点評価）と呼ばれるシステム。評価の基準となるのは、競争力（competitiveness）、コミュニケーション能力（communication）、そして個性（individuality）。いずれもアメリカ社会で重要視される資質です。（→143ページ「成績と試験」参照）

公立校と私立校

アメリカの小・中・高校の**公立学校（public school）**は、授業料（tuition fee）が無料で、アメリカ在住者なら誰でも通うことができます。実際、アメリカの大多数の子供たちは公立校に通っています。一方、都市の郊外や地方には、**私立学校（private school）**や宗教団体が運営する **parochial school** もあります。また最近では、主に宗教上の理由から子供を学校に通わせず、自宅で親が教育する家庭も増えていて、home schoolingと呼ばれています。

アメリカの教育行政は連邦政府ではなく各州が担当してい

るため、全国共通のカリキュラムというものはありません。実際に各公立学校を監督しているのは、**school district (学校区)** と呼ばれる組織です。大きな都市には地域ごとにいくつかの学校区があり、小さな町村の場合はひとつの町村がひとつの学校区になっています。公立校の運営資金は、国や州からの助成金に加えて、それぞれの学校区の住民税があてられます。ということは、同じ公立校であっても、裕福な地域の学校は資金が豊富で、貧しい地域の学校は少ない、ということになります。不公平ですが、これが実態なのです。

> アメリカとイギリスでは、「公立学校」と「私立学校」を表す語が異なります。「公立校」はアメリカでは**public school**、イギリスでは**state school**と呼ばれます。これに対して、「私立校」はアメリカでは**private school**ですが、イギリスでは**public school**(パブリックスクール。イートン校やハーロウ校に代表される裕福な階層向けの私立校)と呼ばれます。
>
> 「プレップスクール」(**prep school**または**preparatory shool**)は、大学進学を目的とする全寮制の進学校のこと。たいがい私立で、中学校から一貫教育を行っているところもあります。こうした学校は**academy**とも呼ばれ、教育レベルが高いことで有名です。

学年度

小・中・高校の**「学年度、1学年」**(**school year**)は、9月上旬から翌年の6月上〜中旬まで。年間の授業日数は、原則的に法律で180日と決まっていますが、気候の厳しい地域などでは、悪天候で学校を閉鎖する日数を見こんで、授業日数を数日間長くとっている場合もあります。学期は前半・後半の**二学期**(**semester**)制か、4期に分かれた**四学期**(**quarter**)制が一般的です。

夏休みのほかに、それぞれ1～2週間の冬休みと春休みがあります。また、祝日（national holiday）も休みになります。（→100ページ「学校の休暇」参照）

大学は四学期制か二学期制がほとんどです。四学期制の場合は、秋、冬、春の学期がそれぞれ約10週間ずつと、必修ではない夏学期があり、**三学期（trimester）**制と呼ばれることもあります。二学期制の場合は、およそ14週間ずつの2つの学期に分かれます。2つの学期の間にあたる1月は休暇となり、その間、希望者が出席できる短期講座が開かれます。

小学校

アメリカの学校のシステムは、州や学校区によって若干違います。ここではだいたい平均的なパターンを見ていきましょう。

義務教育は5歳または6歳の時に小学校から始まりますが、それ以前に1年から数年間、保育園や幼稚園で早期教育を受けることもできます。**保育園（preschoolまたはnursery school)**は3、4歳児向けで、幼児のうちから学校のペースに慣れさせることを目的としています。**幼稚園（kindergarten）**は5歳児向けで、文字や数字の基礎を学び、集団生活に必要な協調性やコミュニケーション能力を養います。

小学校（elementary schoolまたはgrade school）は五年制または六年制で、読み（reading）、書き（writing）、算数（arithmetic）、社会科（social studies）、理科（science）、体育（physical education。PEまたはgym classとも呼ばれる）、音

楽(music)、美術(art)といった基礎科目を学びます。アメリカの小・中・高校は、1年生から始まって、高校の最終学年である12年生まで、1年ごとに学年(grade)が上がるシステムです。

> 各学年のことは、**first grader**（1年生）、**second grader**（2年生）、**fifth grader**（5年生）のように呼びます。イギリスでは、「1年生」は**form one**または**grade one**、**year one**といった呼び方をします。また、「生徒・学生」は、アメリカでは小学生から大学生まですべて**student**と言いますが、イギリスでは高校生までの「生徒」を**pupil**と言い、大学生だけを**student**と言います。

中学校

11〜12歳で5年生または6年生を終了すると、中学校に上がります。**「中学校」**は、各学校区が採用しているシステムによって**middle school**または**junior high school**と呼ばれます。二年制または三年制で、小学校と高校の橋渡し役をつとめます。

小学校では、体育や美術以外の授業は決まった同じクラスで受けますが、中学校では授業ごとに異なるクラスに移動し、それぞれ違う先生に習うようになります。

高校

その次のステップが**高校（high school）**。一般的なのは、9年生(14歳)から12年生までの四年制高校です。教養課程(general education course)の必修科目のほかに、コンピューター・サイエンスや音楽、美術、外国語といった、専門的な選択科目(elective)を選んで学ぶことができます。

> 高校の各学年は、次のような名前で呼ばれます。
> **ninth grader**(高校1年生)→**freshman**
> **tenth grader**(高校2年生)→**sophomore**
> **eleventh grader**(高校3年生)→**junior**
> **twelfth grader**(高校4年生)→**senior**
> 四年制大学の各学年もこれと同じ名称で呼ばれます。

前にも言いましたが、アメリカの学校教育の目的は、将来社会の中で生産的に働くことのできる幅広い(well-rounded)能力を持った人材を育てることにあります。そのため、高校生の成績を学業だけで判断することはありません。授業以外にスポーツや生徒会(student government)、演劇クラブやディベート・クラブといったさまざまな**課外活動（extra-curricular activity）**に参加し、実績を上げることを高く評価します。こうした活動歴は、大学入試や就職試験の時にも有利なポイントになります。生徒はこの課外活動を通じて、リーダーシップやチームワーク、コミュニケーション能力といった大切な資質を身につけていきます。

大学教育

今やアメリカでは、大学教育(college education)は多くの知的職業にほとんど必須なものとなっています。全米には3000以上もの大学があり、数字の上では、高校を卒業しさえすれば誰でも入学できることになります。入試科目や**授業料（tuition fee）**、教育課程などは大学ごとにさまざまで、何万人もの学生をかかえる巨大な州立大学もあれば、学生数1000人以下という小さな私立大学もあります。

> collegeとは、厳密に言えば**学士号(bachelor's degree)**だけを取得できる四年制の大学を指します。ひとつのcollegeだけで独立した大学になっている場合もあれば、universityの一部である場合もあります。universityというのは、複数の専門学部やcollegeが集まった大規模な総合大学を意味し、学士号と**修士号(master's degree)**が取得できます。ただし、実際の会話では、大学のタイプにかかわらず、"I'm in college."(私は大学生だ、大学に在学中だ)のように、collegeを使うのが一般的です。
>
> 「私の大学時代には…」という話をする時、イギリス人は個別の大学名を言わずに"When I was at university..."という言い方をしますが、アメリカ人は"母校"の意識が強いためか、大学名を具体的に出して、"When I went to X College / University..."のように言うことが多いようです。小・中・高校時代の話をする時にも、同じように学校名を出すことがよくあります。

大学に入る

志望大学が決まったら、**出願（application）**の手続きに取りかかります。大学の願書には、受験生の学業成績のほか、課外活動やボランティア活動、受賞歴やアルバイト歴まで詳しく記入する欄があります。つまり、勉強の成績だけでなく、さまざまな活動経験があるほうが有利になるわけです。

くり返しになりますが、これはアメリカ社会で幅広い能力を持った人材が評価されるため。単に成績がいいだけでは、今まで勉強以外に何もしてこなかったと見なされ、不利になってしまうのです。

願書のほかに、**ACT**や**SAT**といった全米統一の進学テストの得点も審査の対象になります（→146ページ「試験もあります」参照）。各大学の**「学校案内」（catalog**または**prospectus）**には、入学に必要な最低得点が記載されています。

書類審査の後に面接(interview)を行う大学も数多くあります。

> 地域によって高校までの教育内容にかなり違いがあるため、多くの大学では合格者に対して、新学期が始まる前の週に、基礎的な英語と数学のテストを受けさせます。このテストで落第点をとった学生は、及第点がとれるまで「補習クラス」(remedial course)に出なくてはなりません。この補習クラスは大学側が設定するものですが、そのぶんの授業料は学生側の負担となります。

> 「大学に入学する」ことを、アメリカ英語では**accepted to a college**(入学を許可される)、イギリス英語では**get a college place**(大学に籍を得る)と言います。

学位を取る

晴れて大学への入学許可が下りれば、学生は出席したい授業を自由に選ぶことができます。授業には特に定員はなく、授業の椅子をめぐって試験が行われることはめったにありません。志望する学科は入学後すぐに決める必要はなく、3年生になってもまだ決めていない学生もいます。しかしその後、**専攻科目(major)**は比較的早めに決めるのがふつうです。

ある学科で学位を取得するには、決められた授業の中から一定数選んで履修し、**「単位」(credit**または**unit)** を取らなくてはなりません(→145ページ「単位」参照)。専門的な授業に進む前に、まず英語や科学、歴史、外国語といった「一般教養科目」(general education courses)を取るよう定められていますが、どの授業を選択するかは学生の自由です。大学側からは単位習得のガイドラインは示されますが、すべて学生の責任で授業を選び、単位を取るのです。

専攻分野のほかに興味のある分野があれば、**副専攻(minor)**を決めることもできます。専攻分野に関連した分野でも、まったく別の分野でもかまいません。副専攻でも学位を修得するためには、一定の授業を選び、単位を取ることが必要になります。また、**double major**といって、同時に2つの専攻科目を決めることもできます。

「学部生」(undergraduate student)は、ひとつの科目あたり週2、3回授業に出席します。学期ごとに**中間試験(midterm)**や**期末試験(final exam)**といった試験があるほか、レポートや研究発表の評価も最終成績に加えられます。

> 苦手科目がある学生は、**tutor**と呼ばれる**「個人教師」**に指導してもらうことができます。**tutor**は成績優秀な学生や大学院生(**graduate student**)がアルバイトとして行うことが多く、大学に雇われているわけではありません。
>
> イギリスでは「大人数の授業、大講義」を**lecture**と言いますが、アメリカでは「講義」はすべて**class**です。アメリカの大学で**lecture**と言う場合には、講演者を招いて行う「講演会」を指し、全学生が自由に参加できるものです。一方**class**は、その授業に登録し、授業料を払っている学生だけを対象としています。

必要な科目を終え、一定以上の成績で単位を修得した学生には、学士号(bachelor's degree)の学位が与えられます。文系の場合は**文学士(Bachelor of Arts / B.A.)**、理系の場合は**理学士(Bachelor of Science / B.S.)**と呼ばれます。通常4年で学士号を取りますが、アルバイトで授業料を稼ぎながら5年以上かけて取る学生もいます。

二年制大学

四年制大学以外に、ジュニア・カレッジ(junior college)と呼ばれる「短大」や、地域住民の再教育を目的とするコミュニティ・カレッジ(community college)といった二年制大学もあります。一般教養科目のほか職業訓練的な科目のコースもあり、修了者には文系または理系の**準学士号(associate's degree / A.A.)**が与えられます。授業料は一般的に四年制大学よりもずっと安くなります。

二年制大学の学生は、働きながら学ぶ勤労学生や、社会人から学問の道に戻る人、仕事に復帰するために資格を取りたい人などさまざまです。経済的な理由から、安い二年制大学で一般教養の準学士号を修め、その後四年制大学に編入して学士号を取る学生もいます。

大学院

学士号を取得した学生は、**大学院(graduate school)**に進み、**修士号(master's degree / M.A.)**を取ることができます。修士号を取得するには通常1年から2年かかりますが、就職後しばらくしてから大学院に入る人もけっこういます。最近は多くの職業で、修士号を持っていることが出世の条件になりつつあるため、修士号を目指す人が増えているのです。

修士号の上には、**博士号(doctorate / Ph.D.)**があります。博士号の取得にはさらに最長4年間の勉強と博士論文(dissertation)が必要になります。

> **Ph.D.** 取得には、講義に出席し、試験と論文審査を受けることが必要です。イギリスの一部の大学には博士号に相当する **D.Phil.** という学位がありますが、これは論文のみで審査されるものです。

学費のこと

現実問題として、大学に行けるかどうかは、学費を払えるかどうかにかかっています。州立大学も含め、どんな大学でも**授業料とその他費用(tuition and fees)**がかかるからです。金額は大学によって違いますが、四年制大学の場合、1年で最低2000ドル、最高で35000ドルにものぼります。金額は大学のタイプによって異なります。公的援助を受けている州立大学は比較的安く、私立大学は高くなります。私立の中でも、アイビーリーグ(Ivy League。アメリカ北東部の名門大学の総称)に属する名門大学は、かかる学費もトップクラスです。

さまざまな学資援助

今やアメリカでは、社会で成功するためには大学教育が欠かせないものとなっています。親は倹約し、貯金し、自分を犠牲にしてまでも、我が子を大学に入れようとします。子供が産まれるが早いか、積み立てや投資を始める親も珍しくありません。とはいえ、経済的に豊かでなければ大学に行けない、ということはありません。さまざまなタイプの奨学金や学資ローンといった**学資援助(financial aid)**があるからです。

連邦政府や州政府が行っている学資援助は、経済的にかな

り困窮している学生を対象としています。学生の家族は一家の経済状況を詳細に報告し、援助を受ける資格があることを証明しなくてはなりません。

これに対して**奨学金(scholarship)**は、もっと幅広い学生が申請できるもので、成績が優秀だったり、音楽的な才能や運動能力など、さまざまな技能を持つ学生を対象としています。特に、バスケットボールやアメリカンフットボールなどで大きな収益を上げている大学の場合には、運動能力の高い学生が非常に有利になります。チームを優勝させてくれるような優秀な学生には、授業料から「寮費・食費」(room and board)まで、大学が喜んで肩代わりしてくれるのです。

学資ローン(student loan)も多くの学生が利用しています。これは公的機関や民間企業が提供している低金利のローンで、返済は卒業後でかまいません。貸付額は学生の申請内容によって異なります。このほか、特定の分野の研究にたずさわる学生や、決まった大学の学生に与えられる**助成金(grant)**もあり、これは返済する必要がありません。

学生が大学や地元企業で働いて賃金を得ることができる**「ワークスタディ・プログラム」(work-study program)**というものもあります。学生に払う賃金の一部は政府の公金から出るため、企業にとっても都合のいいシステムです。ワークスタディではそれほど多くの賃金はもらえませんが、将来その企業に正社員として雇われる可能性もあります。ワークスタディでなくても、なんらかのアルバイトをしている学生はたくさんいます。卒業して就職する際には、こうした職業経験が大いに役立つのです。

学生生活

高校卒業後も親元に残り、地元の大学に通う学生もいますが、大学入学と同時に親元を離れる学生もかなりの数にのぼります。新生活を始める場所には、いろいろな選択肢があります。

寮とアパート

もっとも手軽で経済的なのは、大学が運営する**学生寮(dormitoryまたはdorm)**です。寮では何百人もの学生が暮らしていて、たいがい**ルームメート(roommate)**と同室になります。

> roommateという語は、文字どおり一部屋を共有する「同室者」以外に、部屋が複数あるアパートや一軒家を共有する「同居人」の意味でも使います。

寮には男女別棟と男女共同(coed)があります。**門限(curfew)**や来客時間についての規則があり、特に1年生の学生には厳しく適用されます。規則は少々窮屈ですが、親元を離れたばかりの学生にとって、寮は初めて自由と自立を味わうことができる場所なのです。大学に支払うfees for on-campus living(構内での生活費)には、たいがい学生食堂での食事代が含まれているため、寮では自炊しないのがふつうです。それでも、部屋に小型冷蔵庫や電子レンジを持ちこんでいる寮生もいますし、電動式ポップコーンマシンはほぼ全員が持っていると言ってもいいでしょう。

> 学生寮に足を踏み入れれば、いつもどこかでできたてのポップコーンのにおいがします。ポップコーンは大学生の一番お気に入りのスナック。みんなで**徹夜勉強(all-nighter)**をする時には貴重なスタミナ源にもなります。試験勉強や小論文などで「徹夜する」ことを **pull an all-nighter**と言います。
>
> 寮のほかに、大学近くのアパートを借りるという選択肢もあります。2、3人で共同で借りる場合が多いようです。寮に比べればずいぶんお金はかかりますが、完全に自立しているという満足感が味わえます。大学が所有しているアパートを学生に貸す場合もあります。

自立はまだ先？

大学生、特に**学部生（undergraduate）**たちは、けっこう頻繁に家族のもとに帰省します。感謝祭やクリスマスといった祝日はもちろん、汚れた衣類を洗濯したり、家庭料理を味わったりするために、週末ごとに帰る学生も珍しくありません。実家が遠くにある学生は、実家の近い学生の家に招かれることも多く、特に感謝祭には友人の家族と一緒に祝うことがよくあります。

Greekとは？

学生の住まいにはもうひとつ、fraternity house（男子学生クラブハウス）、sorority house（女子学生クラブハウス）と呼ばれるタイプがあります。**fraternity**、**sorority**というのは男女別の社交サークルで、各サークルにはたとえば「カイ・オメガ」「シグマ・タウ・アルファ」「カッパ・アルファ」などといった**ギリシャ語の名前**をつけるのが恒例になっています。こうしたサークルのメンバーは**Greek**（「ギリシャ人」の

意味)と呼ばれ、このGreek systemの中でしか友達づき合いをしない傾向があり、少々排他的でエリート主義なことで知られます。

Greekのクラブハウスに住むには、まずこうしたサークルに入会しなくてはなりません。入会には厳格な規定があり、たいがい現メンバーの推薦が必要です。年度初めには**rush**と呼ばれる**「勧誘期間」**があり、各サークルでパーティなどさまざまな社交イベントが開かれます。入会を希望する学生にとって、このrushの期間は、現メンバーと知り合い、どのサークルに入るか決める機会となります。**fraternityやsororityに「入る」**ことを**pledge**(「規則を守る誓いを行う」の意味)とも言います。

入会を認められた学生は、そのサークルのクラブハウスに住むことになります。クラブハウスの設備や食事は寮より少々ましな程度ですが、料金は寮より高いのが一般的です。門限や来客時間などについての規則がある上、一定の成績平均点(GPAと呼ばれる。→144ページ「成績評価には電卓が必要？」参照)を維持するよう定めているサークルも多くあります。

成績と試験

アメリカでは、小学校入学から高校卒業までの間、及第や落第を決めたり進路を決定したりするような重大な試験はほとんどありません。学校の成績は、ふだんのテストの点数や宿題の評価、クラスでの態度など、生徒のさまざまな能力を**総合的に評価**して決定されます。

つまり、生徒には**自分の力をアピールする機会が何度もあ**

るということになります。一度の試験で力を発揮できなかったからといって、必ず落第するとは限らないのです。このような成績評価法は、海外ではcontinuous assessment（平常点評価）と呼ばれていますが、アメリカにはこのシステムしかないため、わざわざこの言葉を使うことはありません。むしろ、多くの国で行われている試験システムは、アメリカ人にはひどく不公平に感じられるのです。

> 「**成績**」は、イギリス英語では**mark**ですが、アメリカ英語では**grade**です。"**A teacher grades papers.**"のように、「成績をつける、採点する」という動詞としても使います。テストや宿題に対しては、100点満点方式の**「点数」**(**score**)がつけられ、この点数から**「ABC方式の成績」**(**letter grade**)に換算されます。

成績評価には電卓が必要？

　成績評価(**grading**)は、中学校から厳密に行われるようになります。評価方法は**ABC方式**で、Aは「優」(excellent)、Bは「良」(good)、Cは「普通」(average)、Dは「可」(poor)、そしてFは「不可」(failed)です。Eはありません。このABCにさらに＋（プラス）と－（マイナス）を加える場合もあります。つまり、A⁺ が最高の成績、D⁻ は落第すれすれの成績、ということになります。100点満点方式が使われることもありますが、最終的な成績を出す際には点数からABC方式に換算するのがふつうです。おおよその目安として、100〜90点がA、89〜80点がB、79〜70点がC、69〜60点がD、それ以下がFということになります。

　毎学期(quarter。四半学期のこと)の終わりには、その学期中に行われたテストや宿題などの評価を平均した成績が出

されます。さらに半期(semester)ごとに、この四半期2つ分(つまり半期)の成績を平均した値が、各生徒の**「成績平均点」(grade point average / GPA)**の一部として評価に加えられます。

GPAとは、2つの半期の成績を平均したABC値を、0から4.0のポイントに直したものです。Aは4.0、Bは3.0、Cは2.0、Dは1.0になります。大学では、最終成績がGPA3.5以上の学生に対し、三段階の優等賞が贈られます。イギリスの**honors degree(優等学位)**にほぼ相当するものと思ってよいでしょう。優等賞の名前は、GPA3.5以上が**cum laude**(ラテン語でwith honorの意。第3位優等)、GPA3.7以上が**magna cum laude**(with great honorの意。第2位優等)、GPA3.9以上が**summa cum laude**(with highest honorの意。最優等)と呼ばれます。

単位

成績評価のシステムを理解するには、数学的能力が少々必要なようですね。でも、まだこれで終わりではありません。大学を卒業するためには、必要な数の**単位(credit**または**unit)**を取らなくてはならないからです。

1単位は、ざっと1時間の授業ひとつ分です。授業は平均して週に3～5時間あるので、ひとつの授業を修了すれば3～5単位取得できることになります。四学期制(→131ページ「学年度」参照)の場合は、四半学期(quarter)ごとに単位を取ることができます。卒業には**180単位**が必要とされ、全日制の学生は1四半学期あたり平均15時間の授業を取っています。二学期制の場合は「単位」はunitと呼ばれ、前・後半

の半学期(semester)ごとに、やはり週の授業時間に見合った数の単位を取ることができます。

卒業に必要な単位数のおよそ半分は、一般教養科目で取ることが義務づけられています。残りの半分を専攻や副専攻科目、選択科目にあてることになります。

ただ単位を取るだけでは卒業できません。多くの大学では、卒業に最低限必要な**GPAポイント**を定めています。専攻科目の最低GPAポイントは、ほかの科目のポイントよりも高く設定されるのがふつうです。

試験もあります

アメリカの学校には進級試験はほとんどありませんが、高校卒業後に大学進学を希望する学生は、**全米統一の学力テスト**である**ACT**（=American College Test。大学入学学力テスト）または**SAT**(Scholastic Aptitude Test。大学進学適正試験)のどちらかを受けなくてはなりません。これらの試験は、年に何度か決まった日時に全国一斉に行われます。

ACTとSATは言語能力と数学の能力を審査する一般テストで、特定分野の専門知識をみるものではありません。そのため、知識を暗記するよりも、例題を解いて傾向をつかむことが試験勉強の中心になります。これらの一般テストのほかに、専門分野に特化したテストもあり、受験は必須ではありませんが、大学の入学審査で有利な材料になることは確かです。学生はこうしたテストを、満足できる点が取れるまで何度でも受けることができます。

希望者のみが受けるテストに、**Advanced Placement test**または**AP test**と呼ばれるものがあります。これは、大

学での必須科目(英作文や代数、外国語など)を免除されるためのテストです。AP testで高得点を取れば、その科目について一定レベルの知識を持っている証明となり、大学入学後その科目の一般教養クラスを取らなくても、単位だけ取得することができるのです。多くの高校では、大学進学希望の生徒を対象に、大学レベルの授業を行うAP courseというクラスをもうけています。イギリスには高校卒業と大学入学のための**A-level exam**という公的な試験がありますが、AP testはそれに近いものだと言えるでしょう。

　大学院に進むには、学士号取得後か大学4年生の時に、GRE(=Graduate Record Examination。大学院進学適正試験)と呼ばれる共通テストを受けることが義務づけられています。これも、基本的には言語能力と数学の能力を審査する一般テストです。**law school（法科大学院）**や**medical school（医科大学院）**といった一部の大学院の場合は、国家試験を受ける必要があります。

教育制度の単語集

【ACT】
大学入学学力テスト。American College Testの略。大学進学を希望する学生が受験する全米統一学力テストにはACTとSAT(→ p.156 SAT参照)の2種類があるが、このACTのほうを重視する大学も多い

【adjunct professor】
非常勤教授。教授会(faculty)の正式メンバーではない臨時や兼任の教授のこと

【all-nighter】
徹夜、徹夜勉強。試験勉強や小論文執筆などのため、学生が徹夜で勉強すること

【AP test】
Advanced Placement testの略。大学進学希望の高校生が受験する、全米統一の科目別試験。AP testにパスすれば、大学入学後その科目の授業を取る必要がなく、単位が与えられる。受験に必須な試験ではないが、高校でAP course(AP testを受ける学生のために行う大学レベルのクラスのこと)を履修したり、AP testを受験したりした学生は、難関大学になるほど有利になる

【assembly】
全校集会。学校の体育館など、大きな講堂に全校生徒が集まって開かれる集会のこと。講演会、吹奏楽部やバンドの演奏会、スポーツの応援フレーズ(cheer)の練習会などがある

【assistant professor】
講師。大学の教授会で助教授(associate professor)に次ぐ、第3の地位にある教員のこと。第4位は教官(instructor)

【associate professor】
助教授。大学の教授会で、教授(professor)に次ぐ、第2の地位にある教員のこと

【associate's degree】
準学士号。A.A.とも言う。ジュニア・カレッジ(junior college)やコミュニティ・カレッジ(community college)といった二年制大学で与えられる学位

【baccalaureate】
卒業礼拝。高校や大学の「卒業式、学位授与式」(commencement)の直前に、卒業生が参加して行う礼拝のこと。また、「学士号」の意味もある

【bachelor's degree】
学士号。四年制大学で与えられ

る学位。文系の場合は「文学士」(Bachelor of Arts / B.A.)、理系の場合は「理学士」(Bachelor of Science / B.S.)と呼ぶ

【blue book】
高校や大学の小論文試験で、答案用紙として使われる小型ノートのこと

【cafeteria】
学生食堂。イギリス英語ではcanteenとも言う

【campus】
(学校の)構内、キャンパス。学生が住んだり研究を行ったりする場所について話す際には、on-campus(学内の)、off-campus(学外の)という語がよく使われる

【cheer】
チア、応援フレーズ。スポーツの試合の際、味方チームの応援のために観客が声を合わせて言う、リズムのいい短いフレーズのこと

【cheerleader】
チアリーダー。高校や大学のチアリーディング・チームに属し、応援フレーズ(cheer)に合わせてダンスやアクロバットの演技をする

【cheerleading squad】
チアリーディング・チーム。cheer squadとも言う。スポーツの試合の際、観客をリードしながら応援の演技を披露する学生たちのグループ

【class ring】
卒業リング。高校や大学の校章や頭文字、および学生の卒業年が刻印された記念指輪のこと

【commencement】
卒業式、学位授与式。卒業生(graduate)に卒業証書を授与し、特別賞などが発表される

【counselor】
カウンセラー。学校の職員で、学生に対して勉強や進路の相談を行う人。問題を抱えた学生をケアするため、心理カウンセラーを置いている学校もある

【credit】
(大学の)履修単位。学習量を測る基準。各科目ごとに1週間に行われる授業時間によって単位数が決められている。ある科目を専攻するには、その科目で一定数の単位を取らなくてはならない。また、卒業に必要な単位数にも規定がある。hourまたはunitとも言う

【curfew】
門限。学生が外出から寮に戻らなくてはならない時刻。来客はこの時刻までに寮の部屋から出なくてはならない

【cut school / cut class】
(学校や授業を)さぼる、すっぽかす

【dean】
学部長。ひとつの学部、あるいはuniversity内のひとつのcollegeの運営を担う責任者。たとえば、the Dean of Arts and Sciencesと言えば「学芸部学部長、文理学部長」のこと。たいがい教授職を兼ねている

【dean's list】
学部長表彰者リスト。大学で学期ごとに発表される成績優秀者リストのこと

【detention】
居残り。行いの悪い生徒への罰として、放課後や土曜日に登校させて宿題や勉強をさせること

【diploma】
卒業証書。高校や大学、大学院、一部の専門学校などで、学生が教育課程を修了したことを証明する書類

【dissertation】
博士論文。博士号(Ph.D.)の取得に必要な学術論文のことで、たいがい300ページ以上との規定がある(→p.155 Ph.D.参照)

【doctorate】
博士号。ふつうはPh.D.のことだが、場合によってM.D.(Doctor of Medicine。医学博士)やJ.D.(=Doctor of Jurisprudence。法学博士)を指すこともある

【dorm】
寮、学生寮。dormitoryのこと

【elective】
選択科目。高校や大学で、学生が好みや能力に合わせて選ぶことができる科目のこと。高校の選択科目には、外国語や家庭科(home economics)、コンピューター、車の修理(car repair)、木工などがある

【elementary school】
小学校。幼稚園(kindergarten)の上の教育機関で、義務教育として最初の学校。first grade(1年生)から、学校区によってfifth grade(5年生)またはsixth grade(6年生)までの生徒が通う。grade schoolとも言う

【exchange student】
交換留学生。数か月から1年間、海外の学校と相互に派遣し合う留学生のこと

【extracurricular activity】
課外活動。教科以外のスポーツや音楽、演劇といった活動のこと

【faculty】
(大学の)教授会

【fees】
その他費用。登録料や施設費など、授業料(→p.157 tuition参照)

以外に学生が支払わなくてはならない費用のこと

【final (exam)】
期末試験。学期の終わりごろに行われる試験で、科目ごとに、その学期に学習した内容全体について出題される。この試験の点数と平常点評価をほぼ同率で足したものが、各学生の最終的な成績となる

【financial aid】
学資援助。奨学金(scholarship)や助成金(grant)、学資ローン(student loan)といった、学生のための資金援助のこと

【floor】
(学生寮の)階、フロア。寮生はフロア単位で組織されていて、フロアごとに1人の寮長(RA=resident assistant)がいる。個室フロアの規則は寮全体の規則よりも厳しい場合が多い

【flunk】
《スラング》落第する、単位を落とす(fail)。flunk out of school(college)は、「(成績不振のため)退学になる」の意味

【fraternity】
男子大学生の社交サークル。サークルにはたいがいギリシャ語の名前がついている

【freshman】
高校1年生(ninth grade)、または四年制大学の1年生のこと

【grade school】
小学校。elementary schoolとも言う

【graduate school】
大学院。4年間の学部教育を終えた後に進む上級教育機関で、修士号や博士号を与えられる。grad schoolとも言う

【graduate student】
大学院生。学士号(bachelor's degree)取得後、さらに上の学位を目指している学生全般を指す

【graduation】
卒業式。高校や大学の教育課程を修了したことを祝う式典。卒業証書(diploma)が授与され、特別な業績を上げた学生に賞(award)が与えられる

【grant】
助成金。苦学生、または特定の分野や大学で研究にたずさわる学生に支給されるお金のこと。授業料や生活費などにあてることができ、返済の必要はない

【GRE】
大学院進学適正試験。Graduate Record Examinationの略。大学院進学を希望する学生が受験する全米統一の学力テスト。出題分野は、言語能力と数学および小論文(essay)

【Greek】
fraternity(p.151)やsorority(p.157)といった大学生の社交サークルのメンバーのこと。サークルにたいがいギリシャ語の名前がついていることからこう呼ばれる

【guidance counselor】
進路カウンセラー。学校の職員で、学生の進路相談を行う人（→p.149 counselor参照）

【gym】
体育(physical educationまたはPE)のこと。また「体育館」の意味もある

【high school】
高校。9または10年生から12年生まで(14〜18歳)の生徒が通う。履修科目を合格点で修了すると高校卒業証書(high school diploma)が授与される

【homecoming】
同窓会、学園祭。秋ごろ、高校や大学の卒業生たちが母校を訪れ、さまざまなイベントが行われる期間のこと。スポーツ(たいがいフットボール)の試合やダンスパーティなどが催される

【home economics】
家庭科、家政学。調理や栄養学、衛生学などを学ぶ科目。あわせて保育や家族関係、消費者情報などについても学ぶ。たいがい必修ではなく選択科目(elective)

【homeroom】
ホームルーム。高校で、各授業が行われる教室に移動する前にまず出席するクラスのこと。出欠をとり、学校の行事や規則などに関する情報が伝えられる

【honor roll】
優等生名簿。高校で、成績優秀な生徒を掲載したリスト。学期ごとに発表されることが多い

【honor society】
栄誉学生団体。(高校・大学の)成績優秀者が招待され、加入する団体。全国的組織もあり、National Honor Society、略してNHSと言う。高校生でこの会員に選ばれることは、大学の入学審査で有利なポイントとなる

【instructor】
教官。大学の教授会でもっとも地位の低い役職

【Ivy League】
アイビーリーグ。アメリカ北東部の伝統ある名門校の総称。ブラウン大学、コロンビア大学、コーネル大学、ダートマス大学、ハーバード大学、プリンストン大学、ペンシルベニア大学、イェール大学の8校

【jock】
(高校・大学で)成績は悪いがスポーツだけは得意な学生を指すスラング

【junior】
高校3年生(eleventh grade)、または四年制大学の3年生のこと

【junior high school】
中学校。7年生から8または9年生までの生徒が通う。小学校よりも科目が増え、担任制ではなく科目ごとに教室を移動するシステムになる

【junior year abroad】
大学生、主に3年生(junior)が、1年間海外の大学に留学するプログラムのこと。このプログラムで留学する学生のことをJYAと呼ぶ

【j. v. / junior varsity】
(学校スポーツの)二軍チーム
(→p.158 varsity参照)

【kindergarten】
幼稚園。小学校入学前の5歳前後の子供が通う。「幼稚園児」はkindergartener

【law school】
(法律の学位を取るための)法科大学院、法学校。1校で独立している場合と、university(総合大学)の一部である場合がある

【letter】
スクールジャケットに学校の紋章を入れる資格を得ること。つまり、学校スポーツの一軍チーム(varsity)の一員であることを示す。[例]I lettered in basketball.「私はバスケットボールで校章を入れた(＝優秀選手に選ばれた)」

【LSAT】
法科大学院進学適性試験(=Law School Admissions Test)。四年制大学で学士号を取得後、法科大学院(law school)に進学を希望する学生が受ける試験

【magnet school】
マグネットスクール。通常の学校にはない特別な教育課程、たとえばコンピューターや音楽といった特定の分野の授業を提供する公立学校。学校区内の生徒であれば誰でも、1日数時間クラスに出席することができる。学校区によっては、入学試験のある難関の全日制マグネットスクールもある

【major】
専攻(科目)。大学生が専門に研究する特定科目のこと。動詞としても使う。[例]I majored in history in college.(大学では歴史を専攻した)

【makeup (test)】
追試、追試験。何らかの理由で試験を受けられなかった学生のための再試験

【master's degree】
修士号。学士号を取得後、大学院で1～2年学んで取る学位。M.A.とも言う

【math】
数学(=mathematics)。イギリス英語ではmaths

【MCAT】
医科大学院進学適性試験(=Medical College Admissions Test)。四年制大学で学士号を取得後、医科大学院(medical school)への進学を希望する学生が受ける試験

【medical school】
医科大学院。医学の学位を取るための大学院、医学校。1校で独立している場合と、university(総合大学)の一部である場合とがある。med schoolとも呼ばれる

【middle school】
中学校。5または6年生から8年生までの生徒が通う。junior high school(p.153)とほぼ同義

【midterm】
中間試験。学期の半ば頃に行われる試験

【minor】
副専攻(科目)。大学生が専攻科目以外に選ぶことができる科目のこと。動詞としても使う。
[例]I majored in biology and minored in math.(専攻は生物学、副専攻は数学でした)

【No.2 pencil】
HBかB程度の、芯がやや柔らかい鉛筆のこと。全米統一試験や、機械で読み取る解答用紙を用いる試験を受験する際によく使われる

【nursery school】
保育園。preschoolとも言う

【parochial school】
教区学校、ミッションスクール。宗教団体が経営する私立学校

【P.E.】
体育(=physical education)。イギリス英語ではP.T.(=physical training)とも言う

【pep assembly / pep rally】
(学校スポーツの)決起集会、壮行会。スポーツの試合の前に行う集会のことで、チアリーダーがチア(応援フレーズ)で学生たちを盛り上げる

【period】
(中学校・高校の授業の)時間、時限。one periodは通常50分。「1時間目」はfirst period、「2時間目」はsecond periodのよう

に言い、1日の授業は通常6〜7時間

【Ph.D.】
博士号(=Doctor of Philosophy。ラテン語のPhilosophiae Doctorより)。大学院で与えられる最高学位。修士号(master's degree)取得後、2〜3年の勉強と博士論文(dissertation)の提出、筆記試験と口述試験を経て取得することができる

【place out】
「免除される」の意味。高校でAP test(p.148)に合格した学生は、大学でその科目の基礎クラスを「免除され」、単位を取得することができる

【play hooky】
「ずる休みする、さぼる」を意味する、やや古いスラング

【pledge】
「誓約する」の意味だが、大学でfraternity(p.151)やsorority(p.157)といった男女別の社交サークルに「入会し、規則を守る誓いを行う」ことを意味する

【postgraduate / postdoctoral student】
博士課程を修了した後も大学に残り、科学(science)や医学(medicine)などの研究を続ける学生のこと。postgradまたはpostdocなどとも呼ばれる

【prep school】
プレップスクール。大学進学を目的とする私立の進学校。中学校から一貫教育を行っているところもある

【preschool】
保育園。nursery schoolとも言う。幼稚園に入る前の3、4歳児が通う

【principal】
校長。イギリス英語ではhead teacher

【private school】
私立学校。政府や自治体の援助ではなく、生徒からの授業料(tuition)で経営される学校

【professor】
教授。大学の教授会でもっとも地位の高い役職。full professorとも言う

【prom】
プロム。春に開かれる高校の卒業記念ダンスパーティ。学生にとってはもっとも大切な行事のひとつ

【PTA】
Parent-Teacher Associationの略語。保護者と教師による教育団体で、教育内容や学校施設の質の向上を目指す。PA(=Parents' Association)とも呼ばれる。全国組織のPTAもある

【RA】
寮長。Resident Assistantの略。ほかの寮生の相談に乗ったり、規則を徹底させたりする学生のこと。年長の学生、たいがい大学院生がつとめる。寮の各フロアごとにひとりのRAがいるのがふつう（→p.151 floor参照）

【recess】
休み時間。授業の合間にもうけられた、外で遊んだり昼食をとったりするための時間のこと

【registration】
大学の学期の初めごろの、学生が希望する講義に登録したり、授業料を払ったりする時期のこと

【remedial class】
補習クラス。特定の科目、特に英語または数学の能力が、通常の授業を受ける水準に達していないと判断された学生が受講しなくてはならないクラスのこと

【review】
（試験に備えて）「復習する」こと。試験前に各科目の担当教師が行う復習講義をreview sessionと言う

【room and board】
寮での宿泊と学生食堂での食事のこと、またはその費用（寮費と食費）のこと

【rush】
fraternity（男子学生サークル）やsorority（女子学生サークル）による「勧誘期間」のこと。各サークルではパーティなどさまざまな社交イベントが開かれ、入会を希望する学生にとってはサークルを選ぶ機会、サークル側にとっては新メンバーを査定するための機会となる

【salutatorian】
卒業式でsalutatory（開会の辞、または来賓への式辞）を述べる学生のこと。卒業生中で2番目の成績の者がこれをつとめる

【SAT】
大学進学適正試験。Scholastic Aptitude（またはAssessment）Testの略。大学進学を希望する学生が受験する全米統一学力テストのひとつ

【scholarship】
奨学金。学業や芸術、運動などで優秀な学生または苦学生に与えられる補助金のこと。返済の必要はない

【school】
学校。イギリスでは小学校と中学・高校だけをschoolと呼ぶが、アメリカでは保育園から大学院、専門学校まで、あらゆるレベルの教育施設を指す

【school district】
学校区。各地域内の公立学校を監督する地方組織。公立学校の授業内容を定めたり、校長の人事を行ったり、総予算を決定したりといった運営は、各学校区の教育委員会が行う

【senior】
高校4年生(twelfth grade)、または四年制大学の4年生のこと

【skip school / skip class】
ずる休みをする、さぼる

【sophomore】
高校2年生(tenth grade)、または四年制大学の2年生のこと

【sorority】
女子大学生で構成される社交サークルのこと。サークルにはたいがいギリシャ語の名前がついている

【student council】
(高校の)生徒会。執行委員は生徒の選挙によって選ばれ、行事を運営したり、生徒代表として集会に出席したりする

【student loan】
学資ローン

【student union】
学生会館。大学のキャンパス内にある建物で、学生がイベントを開いたり、勉強や食事などに使うことができる

【study hall】
自習室、自習時間(授業が休みとなり、図書館など校舎内の別の場所で自主的に学習できる時間のこと)

【substitute (teacher)】
代用教員。病気などで欠勤している教師の代わりをつとめる教員のこと

【tenure】
テニュア、永久在職権。大学の教授に与えられる終身雇用の身分のこと。相当の理由がない限りテニュアを持った教授を解雇することはできない

【term paper】
学期末レポート。高校や大学で、科目ごとに特定のテーマについて学生に書かせるレポートのこと。文字量はかなり多めで、執筆にはある程度の調査や研究が必要になる

【thesis】
論文、学位論文。通常100ページを超える長大な研究論文のこと。master's degree(修士号)の取得には、たいがいこの論文の作成が必要となる

【tuition】
授業料。イギリス英語ではfees

【tutor】
(高校、大学の)個人教師。成績のふるわない学生を指導する係

で、学校の職員ではなく、上級生または大学院生がつとめることが多い

【undergraduate】
（大学の）学部生、大学生。まだbachelor's degree（学士号）を取得していない学生のこと

【unit】
単位 （→p.149 credit参照）

【valedictorian】
卒業生総代。卒業式でvaledictory（別れの言葉）を述べる学生のこと。卒業生中でもっとも成績のよい者がこれをつとめる

【varsity】
（学校スポーツの）一軍、正選手、レギュラーチーム。「二軍（控え）チーム」はjunior varsityと言う

【work-study program】
ワークスタディ・プログラム。学生が大学内や地元企業で働いて賃金を得ることができるプログラム。学生の将来の雇用に役立つことを目的としている

Chapter 7

住宅事情
★★★★★★★★★★★★★★★★★★★★★

Housing

住宅事情

アメリカ人はどんな家に住み、
どんな暮らしを送っているのでしょう?
典型的な"アメリカの家"の間取りから、
家の買い方と借り方、
家具や家電、電気や電話の使い方まで、
アメリカの住宅に関するさまざまな知識を
ご紹介します。

文化を読むカギ

自分の土地と家を持つことは、アメリカ人にとって非常に大切なこと。その一方で、アメリカ人は**よく移動する（mobile）**人々でもあります。一か所には長くとどまらず、数年ごとに家を住み替える人もたくさんいます。とにかく土地はありあまっていますし、ほとんどの地域では**地価が安い**ため、住宅一軒あたりの面積はほかの国の住宅に比べてかなり大きめです。

都市部では、わりあい長い期間賃貸住宅に住み、その土地に定着したり、家族ができたりしてから家を買う傾向があります。ニューヨークのような過密都市では、狭い家に高いお金がかかりますが、アメリカ全体で見ればこれは**非常に例外的**なのです。

米語・英語の間違いのカギ

	American	British
アパート、マンション	apartment	flat
ワンルームマンション	studio / bachelor(efficiency) apartment	bedsit
住宅団地、開発住宅	(housing) development	estate
(低所得者用)公営住宅	housing project	council estate
連棟住宅、長屋	row house / town house	terrace house
二戸建て住宅、二軒長屋	duplex	semi-detached house
不動産	real estate	property
不動産会社	real estate broker / Realtor	estate agent
(不動産の)評価、査定	appraisal	survey

庭	yard	garden
クローゼット、衣装棚	closet	wardrobe
コンセント	outlet / socket	power point
浴槽	bathtub	bath
トイレ	bathroom	toilet
(客用)トイレ、簡易洗面所	guest bathroom / half bathroom	cloakroom
給水栓	faucet	tap
ごみ	garbage / trash	rubbish

住宅事情

「彼は私と同じ通りに住んでいる」
　米：He lives **on** my street.
　英：He lives **in(on)** my street.

「アパートの空き室あります」
　米：Apartment for rent.　　英：Flat to let.

「トイレをお借りしてもいいですか」
　米：May I use the **bathroom / restroom**?
　英：May I use the **toilet**?

「ナンシーは食卓の用意をした」
　米：Nancy **set** the table.　　英：Nancy **laid** the table.

「パトリックは皿洗いをしている」
　米：Patrick is doing the **dishes**.
　英：Patrick is doing the **washing-up**.

「明日、電話するね」
　米：I'll **call** you tomorrow. / I'll give you a **call**.
　英：I'll **ring** you tomorrow. / I'll give you a **ring**.

アメリカ英語らしさのカギ ★★★★★★

イギリス英語では、ひと部屋を共有している「同室者」を **roommate**、アパートや一軒家を共有している「同居人」を housemate または flatmate と使い分けますが、アメリカ英語ではどちらの場合も **roommate** と言います。

toilet は、イギリスでは**「トイレ、お手洗い」**の意味ですが、アメリカでは**「便器」**の意味になります。アメリカ英語では、個人宅のトイレは**bathroom**。一方、公共の場所にあるトイレは**restroom**、または ladies' room（女性用トイレ）、men's room（男性用トイレ）と言います。イギリスでは「男性用トイレ」を gents' と言いますが、これはアメリカでは使われません。

「トイレに行ってきます」
   米：I need to go to the **bathroom**.
   英：I need to use the **toilet**.

建物の階数の呼び方も、アメリカとイギリスで異なります。

   「1階」米：**first floor**　　　英：**ground floor**
   「2階」米：**second floor**　　英：**first floor**

空間たっぷり

アメリカを初めて訪れた人は、ありあまる空間の広さに、まずびっくりするでしょう。あらゆるものの**サイズとスケールが大きいこと**は、この国のひとつの特徴とも言えます。この巨大な空間は、生活や家に対するアメリカ人の考え方に大きな影響を与えています。広大な家、巨大な車や家電――むだづかいだと思うかもしれませんが、アメリカ人にとってはごく自然なサイズです。**大きくできるから大きくする**、それがアメリカ流なのです。

もうひとつ覚えておいていただきたいのは、アメリカはまだ200歳ちょっとの若い国だということ。せいぜい20世紀初めごろの建物を「古い家」と呼んでいても、どうか笑わないでいただきたいのです。

アメリカ的な家とは？

もちろん、住む人の収入や地域によってさまざまな家がありますが、アメリカ全土でもっともよく目にする**"典型的なアメリカの家"**というものがあります。平均的な中流階級（middle-class）の町に建つ、土地つきの平屋または2階建て。**前庭(front yard)**には手入れの行き届いた芝生が敷きつめられています（芝生が伸び放題だったり、きちんと手入れをしていないと、近所から苦情が来てしまうのです）。

家の前の道路からは**「私用車道、車寄せ」(driveway)**がのび、車が2台入る車庫（garage）へと続いています。よく見かけるのは住宅とつながったタイプの車庫ですが、屋根しかない簡易車庫（carport）の場合もありますし、garageの手前に

さらにcarportがついていることもあります。家の表には、特に暖かい地域では、木やタイルなどを敷いた**ポーチ(porch)** があって、ポーチの奥が玄関になっています。**裏庭(backyard)** にもきちんと刈りこまれた芝生が広がり、その一角には石やコンクリートを敷いたパティオ(patio)か、木を敷きつめたデッキ(deck)があって、たいがいバーベキューコンロとテーブルと椅子が置かれています。

> イギリス英語では、「庭」をgardenと言いますが、アメリカ英語のgardenは「(花や野菜を植えた)菜園」を意味し、「庭」はyardと言います。yardの一角にgardenがある、ということはあります。

　住居は平屋か2階建てが多いですが、よく目にするのは **ranch house(農場風の家)** というもの。これは屋根の低い平屋で、内部はドアや壁などの仕切りのない **open-plan** と呼ばれるデザインになっています。とはいえ、実際にはいろいろなタイプの家があり、地域ごとの特色もあります。アメリカのどこかの町を車で走ってみれば、同じような家はほとんどないことがわかるでしょう。基本的な構造は共通していても、ファサード(façade。建物前面の壁面のこと)や前庭のデザインは、住んでいる人によって千差万別なのです。

　アメリカの家はどれも**新しく、少々造りが安っぽい**と思うかもしれません。これは、新築の家の耐用年数をせいぜい50年としか想定していないためです。ただし、最近では古い家に住むのが流行しています。もちろん中途半端に古臭い家ではなく、いい味わいがあって、修理すればきちん住めるぐらい造りがしっかりしている家に限りますが。

　数年ごとに家を住み替えることの多いアメリカでは、ひとつの家にずっと住み続けることはまれです。ましてや、子供

が親の家を受け継いで住むことは、ほとんどないと言っていいでしょう。

寝室とトイレ

寝室(bedroom)はかなり広いのがふつうで、アメリカ人が大好きな特大サイズのベッドを置いても、まだたっぷりスペースがあまるほどです。一般的なベッドの大きさには、大きいほうからking-size（1.9×2メートル）、queen-size、full-sizeまたはdouble bed（ダブルベッド）、そしてtwin-size（シングルベッド）があります。

寝室には**作りつけ(built-in)**のクローゼットがあります。クローゼットだけで一部屋になっている「ウォークインクローゼット、衣装室」(walk-in closet)は、映画スターやお金持ちだけのものではなく、一般の家にもよくあります。かえって独立した衣装だんすのほうが珍しく、衣服を収納するためよりも飾りとして置くことが多いようです。小物を収納する家具には、dresserまたはbureau（整理だんす、化粧だんす）、chest of drawers（引き出し式たんす）があります。

> イギリス英語では**「クローゼット、衣装だんす」**をwardrobeと言いますが、アメリカ英語のwardrobeは**「(手持ちの)衣類」**のこと。イギリスでよく見かける木製の「大型衣装だんす」は、アメリカ英語ではarmoireと言います。

平均的なファミリータイプの家には寝室が3つあります。**主寝室(master bedroom)**には専用のバスルームがついており、ほかに家族用のバスルームもあります。さらに、特に2階建て以上の家には、洗面台とトイレだけの「(客用)簡易バスルーム」(guest bathroomまたはhalf bathroom)もありま

す。浴槽がなくシャワーだけのバスルームを、不動産用語でthree-quarter bath(room)と言いますが、一般的にはこれもbathroomです。

> アメリカ英語で言う**bathroom**は**トイレ**または**トイレ付き浴室**のことです。「(客用)簡易バスルーム」をイギリス英語で**cloakroom**と言いますが、アメリカ英語の**cloakroom**はレストランや劇場などで上着を預ける「クローク」です。
>
> **toilet**という語には注意が必要です。イギリス英語ではこれを**「トイレ」**の意味でふつうに用いますが、アメリカ英語では**toilet bowl**つまり**「便器」**の意味になるため、少々下品な響きになってしまうのです。
>
> 「浴槽」は、イギリス英語では**bath**ですが、アメリカ英語では**bathtub**または**tub**です。アメリカ英語の**bath**は、浴槽に入って行うもの、つまり「入浴」の意味です。

　アメリカ人はお風呂をシャワーだけですませる人が多いため、浴槽のないバスルームもよくありますし、浴槽がある場合でも必ずシャワーがついています。イギリスのシャワーは壁に取りつけたタンクからポンプでくみ上げる方式ですが、アメリカでは壁の中の水道管を通ってお湯が出てくるしくみです。

　洗面台の周囲にはカウンター(counter)が広がり、その下が収納棚(cabinet)になっています。洗面台にはふつう**蛇口(spigot)**がひとつついていて、そこにお湯と水それぞれの、またはお湯と水が一緒になった**ハンドル、レバー(tap)**がついています。この蛇口とハンドルを合わせた**給水栓**のことを**faucet**と言います。古い家ではお湯と水それぞれの給水栓(つまり蛇口が2つあるタイプ)の場合がありますが、最近ではお湯と水をひとつのハンドルで調節するmixed tapがすっかり一般的になったため、わざわざmixed tapとは呼ばない

のがふつうです。

バスルーム内には電気のスイッチやコンセント(outlet)もあります。水まわりでの電気製品の使用を制限しているイギリスでは、ちょっと考えられないことかもしれませんね。

ドアがない！

アメリカの家ならではの特徴、それは部屋と部屋の間にドアや壁がない**open-plan**という間取りです。玄関のドア(front door)を開けると、すぐに玄関ホール(hall)が広がり、玄関ホールはそのまま居間(living room)につながって、居間の奥には**カウンター(breakfast barまたはcounter)**で仕切られたキッチンがあります。別室にお客様用の応接間がある家もありますが、アメリカ人の生活スタイルがカジュアルになるにつれて、**ファミリールーム(family room)**ひとつで応接間を兼ねるのが一般的になってきました。ダイニングのスペースはふつう、居間かキッチンの一角につくります。

このopen-planは、ほとんどの家に集中冷暖房(central air conditioning and heating)が備えつけられていることとも関係しています。つまり、暖気や冷気を逃がさないよう部屋ごとにドアを閉めておく必要がないのです。ただし、古い家には、取りつけ式のエアコンや昔ながらのオイルヒーター(radiator)がある場合もあります。また、多くの家には天井扇(ceiling fan)がついています。

電気の話と電気製品

アメリカの電圧は120ボルト。**コンセント(electrical outlet)**は2つ穴タイプです。**電気製品(appliance)**のプラグには端子が3つついているものもありますが、3つ目はアース端子(ground)です。イギリスではコンセントに電力を制限するためのon/offのスイッチがついていることが多いですが、アメリカではこのスイッチはなく、常に通電している状態です。

> プラグと電気製品をつなぐ「電気コード」は、アメリカ英語では**cord**、イギリス英語では**lead**です。また、「アースする」はアメリカでは**ground**、イギリスでは**earth**と言います。

たとえばイギリスの電圧は240ボルトです。外国製の電気製品をアメリカに持ちこむ場合には、電圧の違いに注意しましょう。変換器(converter)や変圧器(transformer)を使うこともできますが、電気製品自体に電圧切替スイッチがついているものでなくては使えません。また、周波数は50ヘルツの国が多いですが、アメリカは60ヘルツです。

北米の**テレビ**や**ビデオ**はNTSC方式（走査線数525）のため、ヨーロッパのPAL方式（走査線数625）の機器はアメリカでは使えません。また、細かいことですが、電球の取りつけ部分も、アメリカではねじこみ式、イギリスでは「バヨネット」(bayonet)と呼ばれる爪式と、微妙に異なります。

家庭内でもっとも電気製品が多いのはキッチンです。アメリカのキッチンは、家事を楽にしてくれる機器でいっぱい。まず目につくのは、もちろん巨大な**冷蔵庫(refrigerator)**。**冷凍庫(freezer)**と一緒になった2ドアの冷凍冷蔵庫が一般

的です。イギリスでは両者が別々になった、調理台の下に収納するタイプのものをよく見かけますが、アメリカにはほとんどありません。

多くの家庭の冷蔵庫には、2、3週間分の食料がたっぷり入っています。昔に比べて買い物に行く頻度が少なくなり、一度の買い物で大量に買いこむようになったため、特にwarehouse club (→202ページ参照)やsuperstoreといった大型スーパー(→212ページ参照)の出現以来、この傾向は強くなっています。キッチンによくある電気製品には、ほかに**電子レンジ(microwave oven)**や**食器洗い機(dishwasher)**、ミキサー(blender)、製パン機(bread maker)、フードプロセッサー(food processor)、生ごみ処理機(garbage disposal)などがあります。

> 「調理用コンロ、ガスレンジ、ガス台」は、アメリカ英語では stove または range、イギリス英語では cooker と言います。オーブンの「放熱部、天火」は、アメリカでは broiler、イギリスでは grill。ちなみに、アメリカで grill と言えば、たとえばバーベキューで使うような、直火に載せる「焼き網」を指します。

イギリスでは**洗濯機(washing machine)**と**乾燥機(clothes dryer)**をキッチンに置くことが多いですが、アメリカでは**家事室(utility room)**と呼ばれる小部屋か、地下がある場合には地下室に置きます。アメリカでは両者が一体化した洗濯乾燥機ではなく、それぞれ独立しているタイプが一般的で、どちらもほかの電気製品と同じく非常に大型です。

> イギリスでは乾燥機のことを **tumble dryer**(回転式乾燥機)と言いますが、アメリカではこの表現は使いません。

洗濯機の操作ボタンも、外国から来た人には見慣れないも

のかもしれません。世界の多くの国で使われている洗濯マークではなく、単純に水の温度(hot / warm / cold)と洗濯時間や水量を調節するだけの、非常にシンプルなボタンだからです。アメリカの衣類についている**取扱表示ラベル(care label)**も、この操作ボタンに対応したものになっています。たとえば、"Machine wash warm, gentle cycle"(ぬるま湯で弱回転で洗うこと)といった感じ。このため、アメリカ人は外国製の衣類のラベルはさっぱり理解できないのです。

テレビだらけ

キッチンにこんなものまで、と思われるでしょうか、それは小型テレビです。夕食のしたくをしながらニュースをチェックするのにぴったりなのです。ひとつの家庭には、居間と主寝室に1台ずつ、**少なくとも2台のテレビ**があり、さらにほかの寝室に1台ずつあることも珍しくありません。大きさがものを言うのはテレビも同じで、大画面テレビ(big-screen TV)が人気です。また、**ビデオデッキ(VCR / video-cassette recorder)**もほとんどの家にあります。

> 「ビデオデッキ」はイギリス英語では video。また、イギリスでは「録画する」という動詞としても video を使いますが、アメリカでは tape がふつうです。

電話事情

アメリカの電話は、システムは少々複雑ですが、料金は比較的安めです。電話機は電話会社からだけでなく、どこでも買うことができます。**携帯電話(cellular phone)**について

は、世界中どこでもだいたい同じシステムなので、この本では省くことにします。ただし、アメリカの携帯では海外にかけられないこと、国内でもすべての地域につながるわけではないこと、この2点だけ覚えておきましょう。

アメリカの電話番号は7けた。市外電話をかける場合は、まず1をダイヤルして、3けたの**市外局番(area code)**＋相手の電話番号と続けます。アメリカから海外へ国際電話をかける場合は、最初に011をダイヤルし、相手の国番号＋市外局番から0をとった番号＋電話番号と続けます。各国の国番号は電話帳(telephone book)に記載されています。電話帳は電話契約者に無料で配布されるほか、電話ボックス(phone booth)の中にも備えつけられています。ただし、たまに盗まれていることもありますが。公衆電話の通話料金は、通話時間にかかわらず1回につき25セントまたは35セントです。

> 電話機の数字ボタンには、アルファベットの文字がプリントされていて、これが数字に対応しています。通話料が無料の**フリーダイヤル(toll free)**は、アメリカでは電話番号の前に800または888がついていますが、企業がお客に自社のフリーダイヤル番号を覚えてもらうため、数字の代わりにアルファベットで表示することがよくあります。たとえば **1-800-GET TOYS**(これは架空の番号です、念のため)といった具合です。

市内電話

アメリカの電話サービスのシステムは少々こみいっています。地域内の**市内電話（local telephone）**を複数の電話会社が提供しているためです。以前は利用者が自分で電話会社を選ぶことはできませんでしたが、現在では選べるようにな

りつつあります。アメリカには各地の管轄を持っている7つの大手電話会社があり、RHC（=regional holding companies「地域系持株会社」）と呼ばれています。各地域の市内電話サービスは、今もほとんどこの7社のどれかが所有する地方電話局によって提供されています。RHC7社の管轄地域は以下のとおりです。

- Ameritech：イリノイ州、インディアナ州、ミシガン州、オハイオ州、ウィスコンシン州
- Bell Atlantic：デラウエア州、コロンビア特別区、メリーランド州、ニュージャージー州、ペンシルバニア州、バージニア州、ウェストバージニア州、ニューヨーク州
- Bell South：アラバマ州、フロリダ州、ジョージア州、ケンタッキー州、ルイジアナ州、ミシシッピ州、ノースカロライナ州、サウスカロライナ州、テネシー州
- Nynex：ニューイングランド（米国北東部の6州）、ニューヨーク州の一部
- Pacific Telesis Group (PacTel)：カリフォルニア州、ネバダ州
- Southwestern Bell Corporation：アーカンソー州、カンザス州、ミズーリ州、オクラホマ州、テキサス州
- U.S. West：残りの地域（ハワイ州とアラスカ州を除く）

最近では、中小の電話会社も市内電話を提供するようになりました。また、RHCではありませんが、カリフォルニア州とフロリダ州、ハワイ州のほとんどの地域を管轄するGTE Corporationという会社もあります。

インターネット

アメリカでは、**一家に最低1台のコンピューター**がほぼ常識になりつつあります。コンピューターやインターネットはとても身近なもので、日常的に使われています。インターネット接続は地域の電話回線を通じて行われるのがふつうで、利用者は月ごとに料金を払います。多くの地域では市内通話が無料か、定額制で月ごとの電話料金に含まれているため、Eメールやインターネットを家庭で使うのが当たり前になっています。

長距離電話

州をまたぐ電話、つまり**長距離電話(long-distance telephone)**を提供する長距離電話会社は、全米で約500社もあります。業界トップはAT&T社、続いてSprint社とMCI社が2番手です。長距離電話業界は競争が非常にし烈なため、電話会社を選ぶ際にはよく比較検討して、友人や同僚の意見を聞いたほうがいいでしょう。市内電話サービスが各州政府の管理下にあるのに対し、長距離電話サービスは連邦通信委員会（Federal Communications Commission / FCC）が管理しています。

> 通話料を受信者が払う**コレクトコール**をかけるには、まずオペレーターにかけて、「コレクトコールでかける」（アメリカ英語では**make a collect call**または**call collect**、イギリス英語では**reverse the charges**）よう伝えます。オペレーターを通さずに、直接**1-800-COLLECT**にかける方法もあります。

Warning!

アメリカでは最近、スラミング(slamming)と呼ばれる詐欺が多発しています。これは長距離通話中に何者かが勝手に回線を別の長距離電話会社(多くの場合、料金の高い会社)に切り替えてしまうことで、違法行為です。もしもこのようなことが起こったら、すぐに警察に届け出ましょう。

公益事業

電気、ガス、水道、ごみ処理などの**公益事業**をutilityと言います。公益事業のほとんどは民間企業によって行われていますが、公共の利益を守るため、これらの企業は国や地方自治体によって厳格に規制されています。たとえば、業務内容や安全性にかかわる基準、料金などは、国や地方自治体によって定められているのです。

複数の事業を手がける企業もあるため、2つ以上の公共料金、たとえば電気代とガス代が1通の**請求書(bill)**にまとまって送られてくることもあります。公益事業を申し込むには、まずその住所に住んでいることが必要です。50ドルから300ドルの前払い金(あとで返却されます)がかかり、それ以外に工事費が必要な場合もあります。水道料金だけはほかの料金と別に請求されることが多く、自治体に納める固定資産税(property tax)に含まれる場合もあります。

ごみ収集

ごみ収集(garbage collection) の料金も、ほかの料金とは別に請求されるか、固定資産税に含まれるかのどちらかです。ごみ収集は地方自治体の管轄ですが、実際に収集を行うのは民間の業者です。「収集作業員」はgarbage collectorまたはsanitation worker、「収集車」はgarbage truckと言います。

一戸建てに住んでいる場合は、ごみバケツ(garbage can)にごみを入れて、決まった日時に外に出しておきます。アパートやマンションの場合には、住人がごみを袋に入れて出す大型ごみ容器があります。この容器のことをイギリスではskipと言いますが、アメリカではDumpster(商標名)と呼びます。ダストシュート(chute)を備えたアパートもあります。これは住人が各階の投入口にごみを入れ、まとめて地下で集めるしくみです。

> 「ごみ」は、アメリカ英語では**garbage**、イギリス英語では**rubbish**です。イギリスでは「ばかげたこと、くだらないこと」の意味のスラングとしても、この**rubbish**を使います。**garbage**も同じ使い方はできますが、アメリカでは**bull**、**bullshit**、**bunk**、**malarkey**、**crap**といったスラングのほうがよく使われます。もう少し丁寧に言う時は、**"That's ridiculous."** となります。

リサイクル

アメリカのほとんどの都市で、資源ごみの**リサイクル(recycling)** を行っています。住民はふつうのごみ以外に、週1回、紙のごみや空き瓶、空き缶をそれぞれ別の容器に入れて出します。リサイクル可能な(recyclable)ものをふつう

のごみとして出すと、罰金を科せられる自治体もあります。違反者探しを担当している人はさぞかし大変でしょうね！

さまざまな住宅

　もちろんアメリカ人が全員、一戸建てのファミリータイプの家に住んでいるわけではありません。都市部では**「（1戸・1世帯の）アパート、マンション」(apartment)**に住む人もたくさんいます。アパートの建物自体のことをapartment buildingと言い、大きめの古い一軒家を何戸かのアパートに分けているタイプもあります。

　土地にゆとりのある町では、apartment complexと呼ばれる共同住宅がよく見られます。これは広い敷地に2、3階建ての建物が何棟か建っているもので、建物内にはさまざまな広さのアパートが入っています。住民が共同で使う洗濯室やプール、ジムといった施設もあり、たいがい管理会社が所有・運営しています。

> アメリカにはある奇習があります。それはどんな建物にも**絶対に13階がない**こと。13が不吉な数字とされているため、12階の上はいきなり14階になっているのです。

　アパートはたいがい賃貸ですが、自分でアパートを所有したい人にもいくつか選択肢があります。もっとも一般的なのは**分譲マンション(condominiumまたはcondo)**です。これは住人が自室を買い取る形式で、建物のメンテナンス代や共用部分の使用料を含む維持管理費（maintenance fee）を払います。もうひとつの選択肢は「コーポラティブマンション、協同組合マンション」(co-op)というもの。これは、住人たち

がある建物を所有・運営する法人(corporation)を設立し、その法人の割り当て分を購入することで建物内に住む権利を得る、というシステムです。

ご近所さんを選ぶ

都市郊外の開発が進んで以来、自分の好みに合ったご近所さん(neighborhood)を選ぶ人が多くなりました。家を探す際には、ごくふつうの住宅地から、country club(テニスやゴルフのカントリークラブ)のまわりに設計された高級住宅地まで、自分たちにふさわしいコミュニティーを選ぶことができるのです。

ここ最近の新しいタイプの住宅団地に、**gated community**というものがあります。これは住宅地全体が門と塀で囲まれたもので、門には守衛がいるか、コンピューター制御の警備装置がついており、出入りする人を監視しています。また、敷地内に公園や学校、商店などのある**planned community**も人気です。このplanned communityに住む際には、家の装飾や建築方法、土地の使い方などについて、一定の規則を守る誓約書(covenant)にサインしなくてはいけません。

住宅の種類を選べるほど豊かでない人もいます。自治体では**housing project**、または単に**the project**と呼ばれる**「低所得者用の公営住宅」**を提供しています。こうした住宅では、賃貸料が急に値上がりしないようコントロールされています。

小さめの町や地方では、**trailer**または**mobile home**と呼ばれる**「トレーラーハウス」**を買ったり借りたりすることができます。もちろん形はきまって長方形で、ふつうの家ほど頑

丈ではありませんが、内装や外装次第でまるで小さな一軒家のように仕上げることができます。電線や水道管などに接続できる専用の**トレーラーパーク(trailer park)**にとめて生活します。

家を買う

アメリカ人のおよそ**3分の2が持ち家に住んでいます**。家を買う決断をし、買いたい地域や住居のタイプを決めたら、まず連絡をとるのが不動産会社(Realtorまたはreal estate agent / broker)。アメリカで不動産業にたずさわる人はみな、専門の講座を受講して試験にパスし、開業する州から許可証を受けた人たちです。

> **Realtor**は全米不動産業協会(**the National Association of Realtors**)の会員を意味する商標で、会員は協会の定める倫理規定を守らなくてはなりません。会員の店舗は**Realty**とも呼ばれます。

イギリスなどでは不動産会社の店頭に物件の写真が貼ってあることが多いですが、アメリカでは写真が出ていないことも多く、家を買いたい人はまず業者と会うアポイントをとってから、希望する地域や価格の物件を見せてもらいます。

住宅ローン(mortgage) は、銀行や貯蓄貸付組合(savings and loan association)、住宅金融専門会社(mortgage company)や保険会社(insurance company)といった金融機関を通して組みます。頭金として購入代金の約10パーセントを支払います。第三者が頭金を担保として管理するシステムを「エスクロー」(escrow)と言い、この頭金は、売買契約が成立するまで、売り手と借り手の間に入る「エスクロー業

者」の口座に留めおかれます。また、ローンが認定されるには、銀行などの貸し手側に、物件の査定(appraisal)書類を提出しなくてはなりません。さらに、売買が成立した時には、ローン保険(mortgage insurance)に加入したことを証明する書類の提出が求められます。

家を借りる

　家を買わずに賃貸住宅に住み続ける人もけっこういます。賃貸は一般的に持ち家よりも安上がりですし、家を買ってひとつの場所に拘束されるより、あちこち移り住んだほうがいいという考え方もあります。ただし、ニューヨークやサンフランシスコなどでは、居住スペースが絶えず不足しているため、賃料は非常に高くなります。

　物件が比較的多い地域では、アパートを借りる手続きもごくシンプルですが、それでも身元保証人(personal reference)と勤め先からの紹介状(job reference)、銀行・クレジットカードの履歴などを提出しなくてはなりません。人気のある物件の場合は、**大家(landlord)** が申込者の中から条件のいい**借家人(tenant)** を選ぶことになります。家賃がひと月の収入の4分の1または3分の1を超える人は、物件を貸してもらえないことがよくあります。

　賃貸契約を結ぶ際には、たいがい家賃1か月分の**保証金(security deposit)** が必要です。通常1年契約で、**賃貸契約書(lease)** にサインします。契約終了前に退去するなどの契約違反をした場合には、保証金は返却されません。

住宅事情の単語集

【apartment】
(1戸・1世帯の)アパート、マンション。イギリス英語ではflat

【apartment complex】
複数の棟にさまざまな広さのアパートが入った集合住宅。管理会社が運営し、洗濯室やテニスコート、プールといった共用施設があることが多い

【area code】
(電話の)市外局番。アメリカでは3けた

【appraisal】
(不動産の)鑑定、評価。住宅ローンを認めるかどうか判断するため、対象とする物件の価値を査定すること

【armoire】
大型の木製衣装だんす。イギリス英語ではwardrobe

【backyard】
裏庭。家の裏手にある庭で、芝生が敷きつめられていることが多い。一角に、石やコンクリートを敷いたパティオ(patio)か木を敷きつめたデッキ(deck)がある場合もある

【bathroom】
トイレ、洗面所、トイレつき浴室。トイレの設備がある部屋のことを言い、必ずしも入浴設備があるとは限らない

【breakfast bar】
キッチンカウンター。キッチンにあるカウンターテーブルのこと。簡単な食事をとる際に使う。居間との境にあることが多い

【brownstone】
表の壁に赤茶色の砂岩を貼った長細い長屋式住宅(row house)のことで、アメリカ北東部によく見られる。中を仕切ってアパートに改造しているものも多い

【builder】
建設業者、工務店。住宅やアパートの開発から建設、売買まで行う業者を指す

【bureau】
化粧だんす、整理だんす。dresserとも言う

【burner】
コンロ、ごとく。「調理用レンジ・ガス台」(range)の一部で、やかんや鍋などを載せる部分。電磁調理器の場合にも言う

【carport】
壁がなく屋根だけがついた簡易車庫

【cellular phone / cell phone】

携帯電話。mobile phoneとも言う

【chest of drawers】
引き出し式たんす。dresserとも言う

【closet】
クローゼット、衣装棚。作りつけ(built-in)の場合が多く、壁を一部くぼませたアルコーブ(alcove)にしつらえたり、小部屋ごとクローゼットになっている衣装室(walk-in closet)が一般的

【collateral】
担保。住宅ローンを申し込んだお客が抵当として提供する家などの所有物のこと。お客がローンを返済できなかった場合には、金融機関はお客に強制的に担保物件を売却させ、ローンの返済金とさせることができる

【condominium / condo】
分譲アパート、分譲マンション、またはその1戸・1世帯分

【contractor】
(建築)請負業者。お客と契約を交わし、住居の建築や工事を請け負う業者。工事にあたっては、資材の調達から作業監督まで責任を負う

【co-op / cooperative】
コーポラティブマンション、協同組合マンション。住人たちが設立した法人で設計から資金調達、建築、管理運営まで行うアパート、マンションのこと。住人はこの法人の割り当て分を購入することでその建物内に住む権利を得るしくみだが、建物自体を所有するわけではない。住人は建物の維持管理や修繕、改築などに資金を提供しなくてはならない

【cord】
(プラグと電気製品をつなぐ)電気コード。イギリス英語ではlead

【counter】
カウンター、調理台、流し台。キッチンや洗面所のシンクまわりなどにもうけられた平らなスペースのこと。イギリス英語ではworktopとも言う

【country club】
カントリークラブ。ゴルフコースやテニスコート、プール、レストラン、clubhouse(集会・休憩用の建物)を提供する会員制のクラブ。クラブの周囲に住宅を配置した高級住宅団地もある

【covenant】
誓約書。planned community(敷地内に公園や学校、商店などをもうけた住宅団地)に家を買ったり建てたりする際に、土地の使用法や建築方法などの規

住宅事情

則を守ることを誓約するもの

【deck】
デッキ。地面に木材を敷きつめたテラスのこと。家の裏庭の一角にもうけて、屋外で食事する際に使うことが多い。これに対して、家の表にあるのはポーチ（porch）

【den】
家族部屋、居間。テレビを見たり、ゲームをするなど、家族でくつろぐための居心地のいい広い部屋のこと。地下室にもうけて壁を板張りにすることも多い。family roomとも言う

【development / housing development】
住宅団地、開発住宅。開発会社が、敷地内に複数の似たタイプの家を建築し、売買する住宅地、住宅群のこと。イギリス英語ではestate

【double bed】
ダブルベッド。full-sizeとも言う

【down payment】
頭金、手付金。家や車などを買う際に、代金の一部として払う金額のこと。残額（balance）は後払いとする

【dresser】
化粧だんす、整理だんす。衣類などを収納する引き出しのついた家具。bureauまたはchest of drawersとも言う

【driveway】
私用車道、車寄せ。住居前の道路から車庫までをつなぐ舗装された車道のこと

【Dumpster】
（金属製などの）大型ごみ収集容器。イギリス英語ではskip

【duplex】
二戸建て住宅、二軒長屋。2軒の家が長屋式につながった住宅のこと。イギリス英語ではsemi-detached house

【duplex apartment】
1戸・1世帯が2階以上にまたがったアパート、マンション

【800 number / 888 number】
頭に800または888がついた、通話料が無料のフリーダイヤル（toll free）のこと。イギリス英語ではfreefone number

【escrow】
エスクロー、第三者預託金（または預託制度、預託証書）。物件の売買契約が成立するまで、担保として第三者が管理する手付金、またはその制度、証書のこと

【family room】
家族用居間。denとも言う

【faucet】

給水栓。水道の「コック、蛇口」（spigot）と、1つまたは2つの「ハンドル、レバー」（tap）を合わせた名称

【fixer-upper】
全面的な修理や改築が必要なため、格安価格で販売される中古住宅のこと

【full-size】
ダブルベッド。queen-sizeとtwin-size（シングルベッド）の中間の大きさのベッドのこと（約1.4×1.9メートル）。double bedとも言う

【garbage】
ごみ（生ごみを含む）。イギリス英語ではrubbish

【garbage can】
ごみ容器、ごみバケツ

【garbage disposal】
生ごみ処理機、ディスポーザー。キッチンのシンクの排水溝に取りつけて、生ごみなどを粉砕し、排水とともに流すための電気製品

【garbage truck】
ごみ収集車

【gated community】
全体が門と塀で囲まれた住宅団地。住人の安全のため、門には守衛や警備装置を配している

【ground】
アースする。電気製品の電位上昇を防ぐために、機器と地面を銅線などでつなぐこと。イギリス英語ではearth

【home improvement】
住宅の修理や改装、増改築のこと。home improvementを自分で行う「日曜大工」をdo-it-yourselfと言うが、これを短縮したDIYはイギリス英語であり、アメリカでは使わない

【home improvement loan】
住宅ローンの担保になっている家の修理や増改築の資金として、金融機関が貸し付けるローンのこと

【king-size】
もっとも大きなベッドのサイズ。1.9×2メートル

【laundry room】
洗濯室。洗濯機や乾燥機など、衣類の洗濯にかかわる機器や道具を備えた部屋のこと。アパートやマンションの場合には、コイン式の洗濯機や乾燥機を置いた住人共用の洗濯室を指す

【long-distance carrier】
長距離電話会社

【maintenance】
建物の維持管理、保守、清掃などのこと

【master bedroom】
主寝室。ある家またはアパート内でもっとも広い寝室

【mobile home】
トレーラーハウス。車輪を取りつけるフレームがついた、移動用の小さな家

【nightstand】
ベッドわきに置く小さなテーブル。イギリス英語ではbedside table

【open-plan】
部屋と部屋との間にドアや壁のない開放的な間取りのこと

【outlet】
コンセント。イギリス英語ではpower point

【patio】
パティオ、ベランダ。家の庭にある、石やコンクリートを敷きつめたテラス。屋外で食事をするのによく使われる

【phone booth】
(公衆)電話ボックス。イギリス英語ではphone box

【planned community】
敷地内に公園や学校、店などをもうけた住宅団地

【porch】
ポーチ。住宅の表側にもうけたベランダのことで、ポーチの奥に玄関があるのが一般的。椅子を置いたり、大きなブランコをつるしたりすることも多い。家の側面や裏側にある場合もある

【(housing) project】
低所得者用の公営住宅

【queen-size】
king-sizeとfull-sizeの間の大きさのベッド。約1.5×2メートル

【ranch house】
ランチハウス、農場風の家。アメリカで人気のあるタイプの住宅。屋根が低く、内部がopen-planになっている平屋建て

【range】
調理用コンロ、調理用レンジ。上部にやかんや鍋を置く「コンロ、ごとく」(burner)がついている。stoveとも言う。イギリス英語ではcooker

【rent control】
家賃規制法。州や市などの自治体によって、賃貸住宅の家賃の額や値上げ率の上限などについて定めた法律

【rent-stabilized】
「安定した家賃の」という意味。この条件のついた物件は、賃貸契約を更新する時の家賃値上げ率が法律によって規制されているということ

【retirement community】
高齢者向けの住宅団地。老人ホームではなく自立して生活する高齢者が対象だが、必要に応じて医療などのケアを受けられるものが多い

【roommate】

ルームメイト、同居人。アパートや一軒家を共有(share)している人のこと

【row house】
長屋式住宅。各世帯が側壁でつながった集合住宅で、アメリカ北部や東部でよく見られる。アメリカ西部ではtown houseと言う。イギリス英語ではterraced house

【savings and loan association】
貯蓄貸付組合、住宅金融組合。金融機関の一種で、主に普通預金を原資に住宅ローン(mortgage)を貸し付ける。イギリス英語ではbuilding society

【security deposit】
保証金、敷金。賃貸物件を借りる際に支払うお金のことで、物件の修繕費用にあてられる。住人が物件に特に損害を与えていなければ、退室の際に返還される

【shotgun house】
ショットガンハウス。アメリカ南部に多い住宅で、正面玄関から裏口までのびた1本の廊下に沿って各部屋が並んだ、細長い家のこと。玄関ドアを射抜いた銃弾が、障害物もなく裏口のドアに達する、というところからこの名前がついた

【socket】
コンセント

【stoop】
玄関前の階段。住宅や建物の玄関まで通じる階段のことで、ふつうの階段よりも段が高く、人が腰かけられるぐらいというのが一般的

【stove】
調理用コンロ、調理用レンジ。ガス式と電気式がある。上部にやかんや鍋を置く「コンロ、ごとく」(burner)が4つあり、下部にオーブン(oven)がついているものが多い

【subdivision】
宅地、分譲地。開発業者(developer)や建築業者(builder)などが住宅建設用に使う土地

【sublet】
又貸しする。賃貸住宅の借主からさらにその物件を借りること。期間を限定して行われることが多い

【super / superintendent】
(アパートやマンションの)管理人

【tap】
給水栓(faucet)の一部で、お湯と水の量を調節する「ハンドル、レバー」のこと。現在のアメリカの住宅や建物では、お湯と水が一緒になった1つのハンドル

住宅事情

である場合が多い

【toilet】
便器。イギリス英語では「トイレ、お手洗い」の意味

【town house】
長屋式住宅(の1戸・1世帯)

【trailer】
トレーラーハウス。家具が内装された大きめの車両で、エンジンはついていない。トレーラーパークにとめ、中で家として暮らす

【trailer park】
トレーラーパーク。トレーラーハウスをとめるための敷地。住人は一区画を賃借りして、電気や水道などのサービスを受けることができる

【trash】
ごみ。garbageとも言う。trashを「紙くずなどのごみ」、garbageを「生ごみ」と使い分ける人もいる

【twin-size】
シングルベッド。もっとも小さいサイズのベッドで、約1×1.9メートル

【utilities】
電気、ガス、水道、ごみ処理などの「公益事業」のこと

【utility room】
家事室。洗濯機や乾燥機、アイロン台、収納棚などを備えた、家事をするための部屋。laundry roomとも言う

【VCR】
ビデオデッキ(=videocassette recorder)

【Victorian】
ビクトリア朝風の家。19世紀後半に流行した建築様式で、凝った装飾をほどこした大きな木造建築の家のこと

【walk-in closet】
ウォークインクローゼット、衣装室。二方または三方の壁が、衣服をかけられるスペースになっているタイプが多い

【walk-up】
エレベーターのないアパート(の部屋)のこと

【wardrobe】
(手持ちの)衣類。"She has a nice wardrobe."と言えば、「彼女はいつも素敵な服を着ている」という意味。イギリス英語では「クローゼット、衣装だんす」を意味する。アメリカ英語で「クローゼット、衣装だんす」はclosetまたはarmoire

【yard】
庭。芝生が敷いてあったり、花壇(flower bed)があることが多い。イギリス英語ではgarden

Chapter 8

日常生活

★★★★★★★★★★★★★★★★★★★★★★

Everyday Life

日常生活と切り離せないのがお金です。
アメリカに滞在したり旅行したりすれば、
買い物や両替、送金など
お金にかかわるさまざまな知識が
必要となります。
この章では、銀行や郵便のシステムから
買い物に関する習慣、用語まで、
アメリカの日常生活に必要な
基本的なことがらをあつかいます。

文化を読むカギ

アメリカは**世界最大の消費国**のひとつ。巨大なスーパーマーケットやショッピングセンターには、ありとあらゆる商品が並んでいます。

アメリカ人は**お買い得品、格安品(bargain)**が大好き。デパートでは年に何度もバーゲン(sale)をしますし、安売り専門のディスカウントストアにもさまざまな種類があります。

米語・英語の間違いのカギ

	American	British
紙幣	bill	note
小切手	check	cheque
普通預金(口座)	savings account	deposit account
当座預金(口座)	checking account	current account
現金自動預け払い機	ATM	cashpoint
預金する	deposit	pay in
郵便、郵送する	mail	post
店員、販売員	salesperson / sales assistant	shop assistant
列に並ぶ、並んで待つ	line up / wait in line	queue
レジ、会計カウンター	cash register / checkout	till
買い物用カート	cart	trolley
ショッピングセンター	(shopping) mall	shopping centre
食料雑貨店	grocery (store)	grocer's
酒店	liquor store / package store	off-licence
薬局	drugstore / pharmacy	chemist('s)

日本語	米	英
コンビニエンスストア	convenience store	corner shop
書店	bookstore	bookshop
新聞スタンド、キオスク	newsstand	newsagent
セーター	sweater	jumper
(下着の)パンツ、ショーツ	underpants / panties / shorts	pants
ズボン	pants	trousers
チャック、ファスナー	zipper	zip

「食料品の買い物に行きます」
 米：I'm going to the grocery (store).
 英：I'm going grocery / food shopping.

「彼は食料品の買い物をしている」
 米：He's getting the groceries.
 英：He's doing the grocery / food shopping.

「あの小切手をもう銀行(口座)に預け入れた？」
 米：Have you **deposited that check**?
 英：Have you **paid in that cheque**?

「この手紙を投函してきてもらえますか？」
 米：Can you **mail** this letter for me?
 英：Can you **post** this letter for me?

「《店員が》いらっしゃいませ。ご用件をうかがいましょうか？」
 米：Can I help you?
 英：Are you being served?

アメリカ英語らしさのカギ ★★★★★★

「店」「〜店」を表すもっとも一般的な語は、アメリカ英語ではstore、イギリス英語ではshopです。アメリカ英語のshopは、特定の商品だけをあつかう小さめの店を表し、イギリス英語のstoreはデパートなど大きめの店を表します。

お金の話

アメリカの通貨(currency)は**ドル(dollar)**です。紙幣には1ドル紙幣のほか、5、10、20、50、100ドル紙幣があります。「紙幣」を意味するスラングはいくつかありますが、よく使われるのは**buck**(=dollar)です。ちなみに、イギリス英語で「紙幣」はnoteと言います。

金額を声に出して言う場合は、dollarは言わず、数字だけ言うのがふつうです。たとえば$12.99(12ドル99セント)なら**twelve ninety-nine**と言い、twelve dollars ninety-nineとは言いません。単位をつけて言う場合は、twelve dollars and ninety-nine centsとなります。

銀行

イギリスでは大手銀行が全国各地に支店を出していますが、アメリカの銀行の大多数は、ある地域や州だけで営業している地方銀行の系列です。全米規模で展開している大手銀行は、数の上では少数派です。

当座預金(口座)は**checking account**(イギリス英語ではcurrent account)。これはお客が小切手を振り出したり、現金自動預け払い機(ATM)を通して預金を引き出したりするための口座です。これに対して、利息のつく**普通預金(口座)**は**savings account**(イギリス英語ではdeposit account)。銀行にはタイプや利率(rate of interest)の違うさまざまな預金口座があります。

小切手の使い方

小切手はアメリカ英語では**check**、イギリス英語では**cheque**と、つづりが異なります。アメリカでは小切手は非常によく使われます。ただし、ほかの州で発行された小切手は原則的に使えないことを覚えておきましょう。

小切手には口座名義人（account holder）の氏名と住所、電話番号が記載されています。小切手で支払いをする際には、**2種類のID**（=identification。身分証明書）を提示するのが決まりで、その州で発行された運転免許証（driver's license）とクレジットカードというのが一般的です。また、小切手を買うにはお金がかかることもお忘れなく。約200枚入りのケースで売られていて、ひとケース10ドルから15ドルかかります。

お客は、銀行口座の預金残高が足りなくなる**「借り越し」**（**overdrawn**）にならないよう、注意しながら小切手を使う必要があります。借り越しになれば信用評価（credit rating）が下がる上、小切手を使用した店と銀行の両方に多額の罰金を払うはめになるからです。預金残高が足りないと知りつつ「不渡り小切手」（bad check）を書くことを、口語で**bounce a check**と言い、多くの州で犯罪とされています。イギリスでは、客が銀行から一定期間お金を借りることができる「借り越し限度額」（overdraft limit）を前もって取り決めますが、アメリカにはこうした習慣はありません。

ATM

「現金自動預け払い機」を表す**ATM**は、**automated-teller**

machineの略語です。ATMを使って、自分の当座預金からお金をおろすことができます。ATMは銀行のほか、商店やショッピングモールなどに広く設置されています。よく店頭に"ATM Machines Inside"(店内にATMあり)と書かれているのを目にしますが、machineが重複するため本当はこれは正しくない表現です。ATMによっては1回の使用につき1〜2ドルの手数料がかかる場合もあります。

ATMを使用する際に打ち込む**暗証番号**は**PIN number**と言います。PINはpersonal identification numberの略語なので、実はこれもnumberが重複しているのですが。

デビットカード

debit card(デビットカード)とは、商品を買うと同時に(または数日後に)銀行からその金額が引き落とされる**「即時決済カード」**のこと。アメリカでは最近、広く普及してきました。使用する時にIDを提示する必要がないところが人気です。銀行のキャッシュカード(**ATM card**)には、そのままデビットカードとして使えるものも増えています。

デビットカードの使い方には2種類あり、店によって、クレジットカードと同じように受領証にサインする方法と、専用のキーボードに暗証番号を打ち込む方法とがあります。デビットカードの機能がついたクレジットカードもあるため、支払いの時に店員が客に、**"Debit or credit?"**とたずねることがよくあります。また、たとえば15ドルの買い物をしてデビットカードで20ドル払うと、差額の5ドルを現金でもらえるcash backのサービスをしている店もあります。これを使えば、ATMの手数料を払わずに現金を手にすることが

できるのです。

電信送金

「電信で送金する、電送する」ことを**wire**と言います。アメリカから海外への送金は、Western Unionをはじめとする電信送金サービス（wire service）会社を利用します。その際、送金する額の1％の手数料がかかります。電信送金サービスは銀行でもあつかっていますが、その銀行に口座を持っているお客に限られます。

トラベラーズチェック

「トラベラーズチェック、旅行者用小切手」（traveler's check）は、アメリカの多くの店やレストランで使えます。お釣りはアメリカの通貨で受け取ります。銀行などでは現金に両替できますが、店やレストランではできません。小さめの店にはトラベラーズチェックをあつかわないところもありますので、最初に聞いてみたほうがいいでしょう。

郵便事情

単語の使い方でなかなかやっかいなのが、この郵便です。アメリカの郵便事業を統括する「米国郵政公社」はU.S. Postal Serviceですが、**「郵便」**はpostではなく**mail**です。一方、**「切手」**はstampまたはpostage stamp、**「郵便局」**は**post office**と言いますが、郵便を投函する**「ポスト」**は**mailbox**です。イギリス英語では「郵便」はpost、「ポスト」はpostboxとなります。

アメリカの郵便局では、郵便貯金はあつかっていません。ただし、小切手のように使える郵便為替(money order)を買うことができるので、銀行に口座を持っていない人には便利です。また、郵便局には納税申告用紙(tax form)やパスポートの申請用紙なども置いてあります。

アメリカの郵便物は4つの等級(class)に分けられます。第1級は手紙とはがき、第2級は雑誌と新聞、第3級は本やチラシ、第4級はその他です。急ぎの郵便は速達(express mail)か、メッセンジャーが配達する特別便(special delivery)を利用します。

「郵便配達人」は、イギリス英語では**postman**。アメリカでは従来**mailman**と言っていましたが、最近では性差別を避けるため**mail carrier**を使うようになりました。

切手は郵便局や自動販売機のほか、一部のスーパーマーケットや薬局などでも売っています。

郵便物を発送する、受け取る

発送したい小包や封筒には、左上の角に**差出人の住所(return address)**を書きます。万が一配達できなかった場合に、差出人に返送してもらうためです。

住所の最後には、州名を2文字で表した**略語**(例：CA＝カリフォルニア州)と**郵便番号(ZIP code)**を書きます。アメリカの郵便番号はもともと5けたでしたが、1983年に4けたの番号が追加され、9けたになりました。それでも実際には、ほとんどの人がもとの5けたのまま使っています。

郵便物を出す時は、町なかに設置された青いポストに投函します。地域によっては、個人の郵便受けから直接回収して

くれるところもあります。回収してほしい郵便物がある時には、郵便受けについている小さな赤い旗を立てておきます。そうすると、配達人が郵便配達に来たついでに回収していってくれるのです。ただし、集合住宅ではこうした回収はあまり行われません。

1ポンド(約454グラム)を超える**小包(package)**を出す場合は、郵便局に持っていかなくてはなりません。重さあたりの料金は手紙より小包のほうが割安です。そのため、小包には手紙を同封しない(もしくは、同封していると言わない)ようにしましょう。そうしないと手紙あつかいとなり、料金が非常に高くなってしまうのです。

イギリスでは、個人の家の玄関ドアに郵便を配達する差込口があることが多いですが、アメリカでは家の敷地の一番外側の、歩道と接しているあたりに郵便受けを立てるのが一般的です。都市部の一戸建ての場合は、玄関ドア付近の壁に郵便受けをつけていることもあります。集合住宅では、入り口のすぐ内側に居住者用の郵便受けが並んでいます。

私書箱

自宅ではなく郵便局で郵便を受け取りたい人は、**私書箱(post office box)**を借りることもできます。たとえば、仕事関係の郵送先を自宅とは別にしておきたい人や、ちょこちょこと引っ越すことが多いため安定した住所を定めておきたい人など、私書箱を利用する理由はさまざまです。ただし、免許証やクレジットカードなどの申請に私書箱の住所を使うことはできません。

宅配便

アメリカ国内で手紙や小包を郵送すると、配達には地域によって2日から7日ほどかかります。もっと早く届けたい場合は、郵便局の**Express Mail service**という特別便か、民間の宅配便を利用することになります。料金はExpress Mailのほうが安いですが、宅配便は翌日配送(overnight delivery)なのが便利です。大手宅配会社にはFederal Express、UPS(United Parcel Service)、DHLなどがあります。各社の伝票は、電話で取り寄せるか、荷物の郵送・宅配サービスを行っている店などでもらいます。こうした店の代表的なものに、"Mail Box Etc"というチェーン店があります。

コインランドリーとドライクリーニング店

アメリカのほとんどの町にあるのが**コインランドリー(Laundromat)**です。これは硬貨を入れて使用する洗濯機と乾燥機を置いてある店のことで、追加料金を払えば係員がやってくれるところもあります。両替機がない店もあるので、あらかじめ25セント硬貨(quarter)を多めに用意したほうがいいでしょう。店内にテレビやビデオゲーム、自動販売機などを備えている店もあります。

ドライクリーニング店(dry cleaner)もあちこちにありますが、料金が高めなのは世界共通です。多くのドライクリーニング店では、シャツの水洗い・アイロンがけもやっています。

買い物はどこでする？

　ありとあらゆる物が買えるアメリカ。ほしい物を手に入れるためには、どんな商品がどういう店で買えるのか知っておいたほうがいいでしょう。イギリスとは店の名称が違う場合が多いですし、ほかの国では考えられないような場所で売られている商品もあるからです。そのいい例がタバコ。なんとアメリカでは**薬局(drugstore)** で、禁煙用品と一緒に売っているのです。

　店名の英語については、イギリス英語とアメリカ英語とで異なるルールがあります。イギリスではchemist's（薬局）、newsagent's（新聞販売店）、grocer's（食料雑貨店）のように、提供する商品やサービスに**所有格の-'s**をつけることが多くあります（ただし、最近ではchemist、newsagentなど、-'sを取った言い方もよくします）。一方アメリカでは、それぞれdrugstore、newsstand、grocery storeと、**商品に「店」をつけた名前**で呼びます。ただし、デパートのBloomingdale'sやMacy'sのように、もともと-'sのついた固有名詞もあります。

　アメリカ人が食料品や家事用品（household products）を買うのは、たいがい大規模な**食料雑貨店(grocery storeまたはgrocery)**、つまりスーパーマーケットです。一か所で何でも買える便利さが受けて、個人経営の小さな専門店は今やほとんど姿を消してしまいました。最近のスーパーマーケットは、健康・美容用品や掃除用品もあつかうほか、パンやお菓子を売るbakeryやハムやチーズ、惣菜などを売るdeliがあったり、写真現像やレンタルビデオのカウンター、薬局まで備えているところも珍しくありません。わざわざ専門店に行く必要もなくなるはずです。

> イギリス英語では、**魚屋をfishmonger、八百屋をgreengrocer**と言いますが、アメリカ英語にはこうした言葉はありません。なぜかというと、こういう店がほとんどないからです。
> **「野菜・果物類」**のことを**produce**と言い、スーパーマーケットの野菜・果物売り場か、**produce stand**と呼ばれる街頭のスタンドで売っています。

アルコール飲料は、スーパーマーケットや**コンビニエンスストア(convenience store)、酒店(liquor store**または**package store)**で売られています。ほとんどの州では酒類、特にウィスキーやウォッカなどの強い酒(hard liquor)は、販売できる曜日や時間が制限されています。市や郡(county)で独自に規制法を設けている場合もあります。また、地域によっては、**blue law**と言われる「安息令(日曜日の労働や娯楽を制限する法律)」によって、日曜日にアルコールが買えないところもあります。(→43ページ「食材はどこで買う?」参照)

タバコは、スーパーマーケットやコンビニ、薬局、それにレストランやバーにある自動販売機で買うことができます。葉巻なども含めたタバコ製品を買える年齢は、法律で18歳以上と定められています。

家の修理・装飾用品を買いたいなら、工具店(hardware store)や日曜大工店(home improvement store)に行きます。電動工具から壁紙まで何でもそろいます。

新聞・雑誌を売っているのは、書店のほかコンビニやスーパーマーケットなど。また、マイカーに乗るより自分の足で歩くことの多い大都市では、街頭や駅に**newsstand**と呼ばれる**「新聞スタンド、キオスク」**が立っていて、新聞や雑誌のほかお菓子なども売っています。

家庭用品(houseware)、電気製品(appliance)や家具は、大型専門店やデパートで買えます。また、最近全米で増えている大型ディスカウントストアでもあつかっています。

衣類や靴もさまざまな場所で売っていますが、衣料品店(clothing store)の多くは**mall**と呼ばれる巨大な**「ショッピングセンター」**に入っています。mallには、ありとあらゆる衣類をそろえるデパートから、子供用、若者用、男性用、女性用、大きなサイズ(plus size)の人用など、特定の客層に限定した衣類を売る専門店まで、多種多様な衣料品店が入っています。

デパート

ひとつの建物で何でも買える店といえば、昔は**デパート(department store)**だけでした。しかし、ディスカウントストアとの競合が激しくなった現在、デパートは高級感やサービス、商品の質のよさで差別化をはかっています。たとえば、デパートではどんな理由であれ買ったものを返品することができます。サイズが合わなかったとか、すぐに傷んでしまったとか、あるいは単に気に入らなかったなど、どんな理由でも返品に応じるのです。

デパートでは、レストランや清潔なトイレ、試着室など、お客のために快適な設備を提供しています。お客が選んだ服を**店員(sales assistant)**が試着室まで運んでくれることを、"start a fitting room"(直訳すると「試着室を開始する」)と言い、お客は自分で服を持たずに商品を選ぶことができます。試着室に持ちこめる服の数には制限がないのがふつうです。

安売り大好き！

アメリカ人は**お買い得品(bargain)**が大好き。アメリカの小売業界は、商品を安くお客に提供するさまざまなしくみを発展させてきました。多くのデパートや専門店では、年間を通して何度もセールを行うほか、年に2回のend-of-season sales（シーズン最後の特売）では超特価品を売り出します。これ以外に、1年中安売りをしているのがディスカウントストアです。

ディスカウントストア

ディスカウントストア(discount retailerまたはmass merchandiser) は、ここ最近、全米でどんどん増えています。たいがい都市の郊外に巨大な店舗をかまえて、食料品や衣料品、おもちゃ、CD、電気製品や日用品など、有名ブランド品から店のオリジナル商品(store brand)まで、ありとあらゆる品物を低価格で販売しています。余計な包装や店内の飾りを省いたり（これをno-frillsと言います）、商品を大量に仕入れて販売することで、節約分を消費者に還元することができるしくみです。

ファクトリー・アウトレット

よい商品を安く買えるもうひとつの方法、それが**工場直送販売店(factory outlet)**です。これは、衣料品やスポーツ用品、バッグ、家庭用品などさまざまなブランド商品(brand name merchandise)のうち、製造中止品や欠陥商品——とい

っても、消費者にはほとんど気にならない程度の欠陥ですが――を売ることで、安値販売を実現している店です。有名デザイナーブランドにとっては、シーズン中に製造しすぎた余剰品を売るための手段でもあるため、非常に質の高い商品が買えることもあります。

warehouse club

warehouse clubと呼ばれる店も、アメリカのショッピング事情を大きく変えました。warehouseとは「倉庫」の意味。古い大きな倉庫を改造して、商品を**大量パックで(in bulk)**販売します。会員制で、お客は年およそ30ドルの会費を払いますが、一度の買い物でそれ以上のお買い得ができてしまいます。通常、生鮮食料品はあまりなく、主に保存のきく食品や家庭用品を販売します。また、事務用品やカジュアルウェア、おもちゃ、スポーツ用品なども売っています。

通信販売

アメリカ人は昔から**通信販売(mail order)**が大好き。これは商品カタログ(catalog)、またはテレビのコマーシャルや**通販番組(infomercial)**を見て品物を注文する方法です。メールオーダーといっても郵便ではなく、電話で注文する場合がほとんどです。通販各社では頭に1-800がついた注文専用のフリーダイヤルをもうけています。

通販会社には、自社製品(たとえばアウトドア用品など)だけを売る会社もあれば、対象とする購買層(たとえばビジネス旅行者など)に合った商品を複数のメーカーから仕入れて

売る会社もあります。小売業者で通信販売の部署を持つ会社もありますし、大手デパートのSears（シアーズ）のように通販会社からスタートした小売業者もあるぐらいです。また、年末だけクリスマス用のカタログを出して、プレゼント用品やこの時期限定の特別商品を売り出す店もあります。

最近は多くの通販会社が、インターネットを通じて商品を販売する**オンライン・ショッピング(electronic shopping)**を手がけるようになりました。インターネット上にだけ存在する会社もあります。こういった業者は、店舗販売に必要な諸経費(overhead)がかからないため、ディスカウント価格で商品を販売しています。最終的に消費税(sales tax)と発送手数料(shipping and handling)が加算されると、思ったよりも高くなってしまうこともありますが、それでも自宅で手軽に買い物できたり、その地域では手に入らないような商品を買うことができるのが魅力です。

ここから生まれたのが、**ネットオークション(e-auction)**。これはさまざまな商品に対して購買希望者がインターネット上で競売(bidding)を行うシステムで、入札期限までにもっとも高い値をつけたお客がその商品を買うことができます。

消費税

店で商品を見ている時には、アメリカの物価はほかの国に比べてあんがい安いじゃないかと思われるかもしれません。ところが商品をレジに持っていくと、合計額が値札(price tag)の表示をかなり上回って、ショックを受けることになります。これは、**消費税(sales tax)**が値札表示に含まれておらず、購入する時に初めて加算されるためです。

消費税は州によって異なりますが、平均８％前後です。地域によっては、アメリカの居住者でない人は払った消費税の返還を申請できる場合もあります。また、消費税のまったくない州もあります。

衣料品の英語

　衣料品にまつわる語彙には、アメリカ英語とイギリス英語の違いが特にたくさんあります。ある語が米・英で別の物を意味する場合もあれば、ある物が米・英で別の名前で呼ばれる場合もあります。また、**trousers(ズボン)**のように、イギリスではふつうに使われるものの、アメリカではここ数十年ほとんど使われず古臭いイメージのある語、というものもあります。米・英で異なる主な語彙をまとめてみましょう。

	American	British
ヤッケ、アノラック	parka	anorak
(足先までくるむ)ベビー用カバーオール(つなぎ)		
	sleeper	Babygro(TM)
目出し帽	ski mask	balaclava
水着	swimsuit / bathing suit	bathing costume
レオタード	leotard	body
つなぎの作業服	coveralls	boiler suit
山高帽	derby	bowler (hat)
サスペンダー	suspenders	braces
紳士用の短靴	oxfords	brogues
ウエストポーチ	fanny pack	bum bag

日本語	米	英
パンプス(甲の部分が空いたヒール靴)	pumps	court shoes
アスコットタイ	ascot	cravat
ラインストーン(模造ダイヤモンド)	rhinestone	diamanté
タキシード	tuxedo	dinner jacket
(ベビー用)おしゃぶり	pacifier	dummy (for baby)
オーバーオール	overalls	dungarees
(ズボンの)チャック	fly (on pants)	flies
ハンドバッグ	purse	handbag
パジャマ	jammies / p.j.'s / pajamas	jim-jams
セーター	sweater	jumper
女性用パンティ	panties	knickers*
背広、スーツ	business suit	lounge suit
レインコート	raincoat	mac
おむつ	diaper	nappy
ネグリジェ	nightgown	nightdress
(下着の)パンツ、パンティ	underpants / panties(女性用) / shorts / briefs(男性用)	pants
ジャンパースカート、エプロンドレス	jumper	pinafore
ズック、布製スニーカー	canvas sneakers / slip-ons	plimsolls
タートルネック	turtleneck	polo neck
スナップボタン	snap (fastener)	popper
布製スニーカー	canvas sneakers	pumps
めがね	glasses	spectacles

ブレザー	sports coat / blazer	sports jacket
ガーターベルト	garter belt	suspenders
ストッキング、タイツ	pantyhose（厚手のタイツは除く）	tights
トレーニングウェア、スウェット	sweats / sweatpants / sweatshirt	tracksuit
運動靴、トレーニングシューズ	sneakers / tennis shoes / athletic shoes	trainers
ズボン	pants	trousers
カフス、(ズボンの)折り返し	cuff	turn-up
折り返さない浅いタートルネック	mock turtleneck	turtleneck
(男性・子供用)肌着、アンダーシャツ	undershirt	vest
ベスト、チョッキ	vest	waistcoat
ゴム長靴	rubber boots	wellies
ブリーフ	Jockey shorts / briefs	Y-fronts
ファスナー、ジッパー	zipper	zip

＊アメリカ英語でknickersまたはknickerbockersといえば、「ニッカーボッカー」(男性用のひざ下で絞ったズボン)を指します。この「ニッカーボッカー」はイギリス英語ではplus-fours。

家庭用品の英語

　家庭用品や掃除・修理用品にまつわる語彙にも、アメリカ英語とイギリス英語の違いが多く見られます。

	American	**British**
アルミホイル	aluminum foil	aluminium foil
ブラインド	(window)shade	blind
(折り畳み式の)簡易ベッド	cot	camp bed
携帯用ベビーベッド	baby carrier / portacrib	carrycot
ラップ	saran wrap / plastic wrap	clingfilm
洗濯ばさみ	clothespin	clothes peg
ベビーベッド	crib	cot
(ミシン用)巻き糸	spool of thread	cotton reel
壁のひび割れを埋めるペースト	Spackle(TM)	crack filler
ベビー用かご型ベッド	bassinet	crib
カーテン	drapes / curtains	curtains
(上部に戸のない)食器棚	hutch	dresser*
(羽毛入り)掛け布団	comforter	duvet
水性ペンキ	latex paint	emulsion paint
(入浴用)ボディタオル	washcloth	flannel
足のせ台、オットマン	ottoman	footstool
粗い麻布	burlap	hessian
掃除機	vacuum cleaner	Hoover(TM)
ホース	hose	hosepipe
トイレットペーパー	toilet paper / TP**	loo roll
レースのカーテン	sheers	net curtains
(カーテンの金具を隠すための)前飾り	valance	pelmet
ばんそうこう	Band-Aid(TM)	plaster
乳母車	baby carriage	pram
(折りたたみ式)ベビーカー	stroller	pushchair
ひざかけ	throw	rug (light blanket)

日本語	アメリカ英語	イギリス英語
剪定ばさみ	pruning shears	secateurs
(食事用)ナプキン	napkin	serviette
長椅子、ソファ	couch / sofa / davenport	settee
食器棚、サイドボード	buffet	sideboard
(床と壁の継ぎ目を隠すための)すそ板	baseboard	skirting board
スパナ、レンチ	wrench	spanner
食器用ふきん	dishtowel	tea towel
(他のベッドの下に収納できる)キャスター付きの低いベッド	trundle bed	truckle bed
(ベッドの足元を覆う)たれ布	dust ruffle	valance
洗濯洗剤	laundry detergent	washing powder
食器用洗剤	dishwashing liquid	washing-up liquid

*アメリカ英語でdresserは、chest of drawers(整理だんす、引き出し式たんす)の意味

**商品によってはbathroom tissueと定義しているトイレットペーパーもある

日常生活の単語集

【ATM】
(=automated-teller machine) 現金自動預け払い機。自分の銀行口座から現金を引き出すなどの操作を行う機械。銀行の外壁のほか商店などに設置されている

【bill】
紙幣。イギリス英語ではnote

【blue law】
安息令。日曜日の労働、特に小売業の労働を規制する法律

【bounce】
預金残高が足りないのに小切手を切ること

【brand name】
(有名)ブランド。ブランド品はbrand-name product (→p.212 store brand参照)

【buck】
ドル (dollar) の俗称。次のように複数形でも使われる。"It cost ten hundred bucks." (それは1000ドルした)

【bulk】
「大量」の意味。sold in bulkといえば、商品が「大量パックで(複数をひとまとめにして)売られる」こと

【cash register】
レジ。イギリス英語ではtill

【catalog】
商品カタログ。通信販売の商品を掲載した冊子のこと

【checking account】
当座預金(口座)。小切手や現金自動預け払い機(ATM)を通して預金を引き出すことができる口座のこと。イギリス英語ではcurrent account

【checkout】
(商店の)勘定・清算カウンター

【convenience store】
コンビニエンスストア。商品数を限定して日用品やインスタント食品 (ready-to-eat food) を売る小型商店。イギリス英語ではcorner shop

【department store】
デパート。豊富な種類の商品をそれぞれの売り場 (department) に分けて売る大型商店

【deposit】
(口座へ)預け入れる、預金する。イギリス英語ではpay in

【dime】
10セント硬貨のこと

【discount retailer】
ディスカウントストア。さまざ

まな商品を安値で売る大型店

【drugstore】
ドラッグストア、薬局。処方薬や市販の薬を売るほか、健康・美容用品や文具、小型電気製品、お菓子、食品など、薬以外の商品も幅広くあつかっている

【dry goods】
衣類や織物などの商品のこと

【e-auction】
インターネット・オークション

【express mail】
速達郵便、翌日配達郵便

【food court】
フードコート。ショッピングセンター(mall)内にある飲食スペースのこと。複数のファーストフード店のカウンターが並び、その手前に各店共通のテーブル席がある形式が一般的

【grocery (store)】
食料雑貨店、スーパーマーケット

【half-dollar】
50セント硬貨のこと

【hardware store】
工具店、金物店。イギリス英語ではironmonger

【home improvement】
日曜大工、家の修繕。イギリス英語ではDIY

【infomercial】
(テレビの) 通販番組。商品を売る目的で放送される宣伝番組のこと。その商品の特徴を何度も実演してみせたり、実際に使ったお客の喜びの声を紹介したりする。ややマイナーなタレントを出演させる場合もある

【Laundromat】
コインランドリー。コインを入れて使用する洗濯機や乾燥機を置いた店。イギリス英語ではlaunderette

【liquor store】
酒店。イギリス英語ではoff-licence

【mail】
郵便(物)。イギリス英語ではpost

【mailbox】
(街頭の)郵便ポスト(イギリス英語ではpostbox)、郵便受け(イギリス英語ではletterbox)

【mail carrier】
郵便配達員。イギリス英語ではpostman

【mailman】
mail carrierの従来の言い方

【mail order】
通信販売

【mass merchandiser】
ディスカウントストア。discount retailerとも言う

【mini-mart】
コンビニエンスストア。conve-

nience storeとも言う

【money order】
郵便為替。郵便局で買える証書。郵便で送金を行う際には、現金ではなく小切手かこの郵便為替を使わなくてはならない

【newsstand】
新聞・雑誌スタンド、キオスク

【nickel】
5セント硬貨のこと。ニッケルと銅の合金でできており、少々厚みがある

【no-frills】
「余分なサービスを省いた」の意味。ディスカウントストアなどが商品の価格を抑えるため、店の内装を簡略化したり、配送や試着室などのサービスを省いたりすること

【outlet (store)】
アウトレット店、直売店。メーカー・ブランド品の在庫を割安価格で売る店のことで、たいがい都市郊外のアウトレットモール（outlet mall）に出店している

【overhead】
間接費、諸経費。店舗を買ったり借りたりする経費のほか、光熱費や固定資産税（property tax）など店舗の維持に必要な経費のこと

【package store】
酒類小売店。バーなどと違い、店内での飲酒が禁じられている店のこと

【penny】
1セント硬貨のこと。アメリカの硬貨で唯一の銅製硬貨

【plus size】
クイーンサイズ。衣類で「大きなサイズ」のこと

【post office】
郵便局。私書箱（post office box）も備えている

【produce】
野菜・果物類。「八百屋、青果店」は、アメリカ英語ではproduce stand、イギリス英語ではgreengrocer('s)

【quarter】
25セント硬貨のこと。自動販売機など、コインを入れて使用する機械にもっともよく使う硬貨

【ring up】
「レジを打つ、レジに金額を打ち込む」の意味。昔のレジスターで金額を打ち込むと「チン」と音がしたことから来た表現

【salesperson / sales assistant】
店員。イギリス英語ではshop assistant

【SASE】
(=self-addressed stamped envelope)切手付き返信用封筒。

企業や店に問合せなどの手紙を送る際に同封する、返信先を記載して切手を貼った封筒のこと。イギリス英語ではＳＡＥ (=self-addressed envelope)

【savings account】
普通預金（口座）。利子（interest）が発生する口座のことで、預金の引き出しには一定の制限がもうけられている

【shipping and handling (S&H)】
発送手数料。通信販売やインターネット通販で購入した商品にかかる送料および手数料のこと。イギリス英語ではpostage and packing

【shopping cart】
ショッピングカート。買い物中に商品を入れておくカゴつき手押し車のこと。イギリス英語ではshopping trolley

【special delivery】
（郵便の）特別便、書留郵便。専門のメッセンジャーが配達する郵送方法のことで、料金は割高だがより早く確実に届けることができる。イギリス英語ではrecorded delivery

【store brand】
ストアブランド。店で独自に製造しているオリジナル商品のこと。有名ブランドより安価なのが一般的

【strip mall】
店が横一列に並び、その手前に駐車スペースをもうけた、比較的小規模なショッピングセンターのこと

【superstore】
スーパーストア、大型店。もともと「大型スーパー」の意味で、食料品のほか電気製品や衣類、スポーツ用品、日用品などもあつかうスーパーマーケットを指したが、現在では、食料品に限らず複数のアイテムをあつかうあらゆる大型店を指すようになった

【thrift store】
古着や中古家具などをあつかう店のことで、チャリティとして運営されている場合もある

【warehouse club】
古い倉庫（warehouse）などを店舗とする、会員制の大型ディスカウントストア

【ZIP code】
郵便番号。郵便物に記す場合は、住所の末尾（州名の後）に記す。イギリス英語ではpostcode

Chapter 9

計量の単位

Weights and Measures

オンスにポンド、インチ、フィート…。
外国人にとって、アメリカの単位は
少々わかりにくいかもしれません。
しかも、同じヤード・ポンド系の単位でも、
イギリスとは少々違うものもあるのです。
長さや広さ、重さの単位から
温度の単位、紙や衣服のサイズまで、
アメリカのさまざまな単位について
お話しします。

文化を読むカギ

メートル法（metric system）が広く普及している現在でも、アメリカとイギリスではヤード・ポンド系の単位が使われています。イギリスではメートル法に親しんでいる世代が増えつつありますが、ほとんどのアメリカ人は、メートル法についてまったく無知なまま、日々の暮らしを送っています。ただし最近は、多くの商品にメートル法に換算した数値も表示されるようになりました。また、科学や建築、工業技術といった分野ではメートル法が使われています。

アメリカで使われている**「米慣用単位」（U.S. Customary System）**とイギリスの**「帝国単位」（British Imperial System）**は、同じヤード・ポンド系の単位システムですが、非常にまぎらわしいことに、値が異なるものがあります。たとえば、アメリカの**パイント（pint）**はイギリスのパイントよりも4オンス（ounce）少ないのです。

米語・英語の間違いのカギ

この章はまるごと、アメリカ英語とイギリス英語の違いについての話なので、ここでは以下の表現だけ挙げておきましょう。

「あなたの靴のサイズはおいくつですか？」
　米：What size shoe do you **wear**?
　英：What size shoe do you **take**?

単位いろいろ

アメリカの計量単位は、1ポンドを16オンスとする「常衡」(avoirdupois weight)と呼ばれる単位システムに基づいています。ただし、人の体重などはメートル法のキロ(kilogram / kilo)で表すのが一般的です。イギリスではストーン(stone)という重さの単位を用いることがありますが、アメリカでは使わないものです。

質量の単位である**ポンド(pound)**の略記はlb、これはラテン語のlibraからきています。イギリスの通貨の単位であるポンド(pound)の略記£も、同じlibraからきたものです。オンス(ounce)の略記はozです。

【メートル法から米慣用単位への換算表】

メートル法単位 (すべて1)	米慣用単位
gram(グラム)	0.035 ounces(オンス)
kilogram(キログラム)	2.2 pounds(ポンド)
metric ton(トン=1000kg)	1.1 short tons(ショート・トン。1short ton=2000 pounds)
millimeter(ミリメートル)	0.04 inches(インチ)
centimeter(センチメートル)	0.39 inches(インチ)
meter(メートル)	3.28 feet(フィート)
同上	1.09 yards(ヤード)
kilometer(キロメートル)	0.62 miles(マイル)
milliliter(ミリリットル)	0.2 teaspoons(小さじ)
同上	0.06 tablespoons(大さじ)
同上	0.03 fluid ounces(液量オンス)

計量の単位

liter（リットル）	1.06 quarts（クオート）
同上	0.26 gallons（ガロン）
同上	4.23 cups（カップ）
同上	2.12 pints（パイント）
cubic meter（立方メートル）	35.32 cubic feet（立方フィート）
square centimeter（平方センチメートル）	0.16 square inches（平方インチ）
square meter（平方メートル）	1.2 square yards（平方ヤード）
square kilometer（平方キロメートル）	0.39 square miles（平方マイル）

【米慣用単位からメートル法への換算表】

米慣用単位（すべて1） **メートル法単位**

ounce（オンス）	28.35 grams（グラム）
pound（ポンド）	0.45 kilograms（キログラム）
short ton（ショート・トン＝2000 pounds）	0.91 metric tons（トン、メートルトン）
inch（インチ）	25.4 millimeters（ミリメートル）
同上	2.54 centimeters（センチメートル）
feet（フィート）	30.48 centimeters（センチメートル）
yard（ヤード）	0.91 meters（メートル）
mile（マイル）	1.61 kilometers（キロメートル）
teaspoon（小さじ）	4.93 milliliters（ミリリットル）
tablespoon（大さじ）	14.79 milliliters（ミリリットル）
fluid ounce（液量オンス）	29.57 milliliters（ミリリットル）
cup（カップ）	0.24 liters（リットル）
pint（パイント）	0.47 liters（リットル）
quart（クオート）	0.95 liters（リットル）
gallon（ガロン）	3.79 liters（リットル）
cubic feet（立方フィート）	0.028 cubic meters（立方メートル）
cubic yard（立方ヤード）	0.76 cubic meters（立方メートル）

square inch（平方インチ）	6.45 square centimeters（平方センチ）
square feet（平方フィート）	0.09 square meters（平方メートル）
square yard（平方ヤード）	0.84 square meters（平方メートル）
square mile（平方マイル）	2.6 square kilometers（平方キロメートル）

先ほど言ったように、同じ単位でもアメリカとイギリスで値の異なるものがあります。

	アメリカの米慣用単位	イギリスの帝国単位
パイント	1 pint（＝16 ounces）	0.83 pints
クオート	1 quart（＝32 ounces）	1.66 pints
ガロン	1 gallon（＝128 ounces）	0.83 gallons

料理で使う「大さじ」(tablespoon)も、アメリカのものはイギリスよりも若干小さめです。また、アメリカでは計量に「デザートスプーン」(dessertspoon)は使いません。

温度の単位

温度を計る単位には**華氏（Fahrenheit）**と**摂氏（Celsius）**がありますが、アメリカでは華氏が使われています。

摂氏を華氏に変換するには、1.8をかけて32を足します。華氏を摂氏に変換するには、32を引いて1.8で割ります。

華氏の温度を把握するには、だいたい次の値を目安にするとよいでしょう。

摂氏28度＝華氏82度　　摂氏16度＝華氏61度
摂氏0度(氷点)＝華氏32度
摂氏100度(沸点)＝華氏212度

紙のサイズ

「A4の紙」と言えば世界の多くの国で通じますが、アメリカではそうはいきません。アメリカの用紙サイズは番号ではなく名前で呼ばれており、寸法はインチで表示されます。標準的な便箋サイズは**letter size**と言い、寸法は8.5×11インチ（約216×279ミリ）。やや長い**legal size**は、8.5×14インチ（約216×356ミリ）。もっとも大きな**tabloid size**は、11×17インチ（約279×432ミリ）です。アメリカからEメールで送られてきた文書をプリントアウトしようとしたことのある人は、用紙サイズの問題はすでにご存知ですよね。

衣料品のサイズ

衣類のサイズは、番号か、またはsmall（小）、medium（中）、large（大）、extra large（特大）という用語で表記します。こうした番号や用語は、イギリスやヨーロッパの国々で使われているものと異なります。以下に換算表を掲載していますが、一般にアメリカの衣類は作りが大きめなので、買う時には実際に試着したほうがいいでしょう。

【女性の衣服のサイズ】

アメリカ	4	6	8	10	12	14	16	18	20	22
イギリス		8	10	12	14	16	18	20	22	24
ヨーロッパ			34	36	38	40	42	44	46	48	50

small(S)　medium(M)　large(L)　extra large(XL)　extra extra large(XXL)

【女性の靴のサイズ】

アメリカ	4	5	6	7	8	9	10	11
イギリス	2	3	4	5	6	7	8	9
ヨーロッパ	35	36	37	38	39	40	41	42

【男性の衣服のサイズ】

アメリカ	S	M	L	XL	XXL
イギリス	34	36	38	40	42	44	46
ヨーロッパ	44	46	48	50	52	54	56

　上記のサイズは、カジュアルウエアやスポーツウエアの場合です。男性のスーツの場合は胸回りの寸法から、シャツは首回りと袖丈からサイズが決まりますので、スーツやシャツを買う時には店員に計測してもらうのが一番です。ほとんどの店では計測のサービスを行っています。ズボンはウエストと股下丈からサイズが決まります。

【男性の靴のサイズ】

アメリカ	4	5	6	7	8	9	10	11	12
イギリス	3	4	5	6	7	8	9	10	11
ヨーロッパ	35	36	37	39	40	41	42	44	46

【子供服のサイズ】

アメリカ	2	4	6	8	10	12
イギリス	16/18	20/22	24/26	28/30	32/34	36/38
ヨーロッパ	92	104	116	128	140	152

＊子供服にもS、M、L、XLの表記が使われることがあります。

アメリカ英語とイギリス英語の基礎知識

The Basics

アメリカ英語とイギリス英語の違いには
とても微妙でわかりにくいものもあります。
意外と知られていませんが、
そうした違いの多くは
文法にかかわるものなのです。
文法や語法、スペリングなどについて、
アメリカ英語とイギリス英語の
基本的な違いを説明していきましょう。

身近にある米英の違い

　日常的によく使うごく簡単なフレーズにも、アメリカ英語とイギリス英語とでは微妙に異なるものがたくさんあります。たとえば…

「そう言えば…」
　米:**Speaking** of which...　　英:**Talking** of which...
「彼女はなんという名前ですか？」
　米:What's her name?　　英:What is she called?
「ペンを持っていますか？」
　米:Do you have a pen?　　英:Have you got a pen?
「お風呂に入ってくるよ」
　米:I'm going to **take** a bath.
　英:I'm going to **have** a bath.
「鍵を失くしてしまった」
　米:My keys **are** missing.
　英:My keys **have gone** missing.
「彼女は新車を買ったばかりです」
　米:She had just **gotten** a new car.
　英:She had just **got** a new car.
「7時に起こしてください」
　米:Wake me up at seven, please.
　英:Knock me up at seven, will you?

ここではアメリカ人が使う表現を〔米〕、使わない表現を〔英〕としています。一部、イギリス英語で〔米〕と〔英〕の両方を使うものも含まれます。

Caution!

「(何かを)持つ、持っている」は、イギリス英語では**have got**を使うことが多いですが、アメリカ英語では**have**を使います。イギリス英語で「ペンを持っていますか?」は、"Have you got a pen?"。こう聞かれた場合、イギリス人なら"No, I haven't."と答えますが、アメリカ人は"No, I don't."と答えてしまうと思います。なぜかというと、アメリカ人は"Do you have...?"の形に慣れ親しんでいるからです。

Big Mistake!

アメリカで"She had just got a new car."と言ったら、ちゃんと教育を受けていない人だと思われてしまいます。**getの過去分詞**は、イギリス英語では**got**ですが、アメリカ英語では**gotten**だからです。アメリカ英語では"She had just gotten a new car."と言います。

Big Mistake!

knock someone upは、イギリス英語では「(人を)起こす」の意味ですが、アメリカ英語ではget a woman pregnant、つまり「(女性を)妊娠させる、はらませる」の意味。まったく別の意味になってしまうので、ご注意!

前置詞

その人がアメリカ英語とイギリス英語のどちらを話しているかは、前置詞の使い方を見ればわかります。前置詞の有無が異なる場合もあります。

「スージーが転んだ」
　米：Susie fell **down**.　　英：Susie fell **over**.
「パスタの水切りをしてちょうだい」
　米：Drain the pasta.　　英：Drain **off** the pasta.
「彼はいつもあちこち動き回っている」
　米：He's always moving **around**.
　英：He's always moving **about**.
「彼らはあまりうまくいっていない」
　米：They don't get **along** very well.
　英：They don't get **on** very well.
「(スポーツの)オールラウンド・プレーヤー、万能選手」
　米：an **all-around** great athlete
　英：an **all-round** great athlete
「今日誰が訪ねてきたと思う？」
　米：Guess who came **over** today?
　英：Guess who came **round** today?
「それは彼が言ったことと違うな」
　米：That's different **from** what he said.
　英：That's different **to** what he said.
「彼が出かけないようにできないの？」
　米：Can't you stop him **from** going?
　英：Can't you stop him going?

「これをするのを手伝ってください」

　米：Please help me do this.

　英：Please help me **to** do this.

「今週はジョンに手紙を書かなくちゃいけない」

　米：I have to write **(to)** John this week.

　英：I have to write **to** John this week.

「それを郵送してください」

　米：Send it **by** mail.

　英：Send it **through** the mail.

「それは郵送で届きました」

　米：We got it **in** the mail.

　英：We got it **through** the mail.

「以前はウェイター／ウェイトレスをしていました」

　米：I used to wait **(on)** tables.

　英：I used to wait **at** tables.

「ジルが君のことを聞いていたよ」

　米：Jill was asking **about** you.

　英：Jill was asking **after** you.

定冠詞

　定冠詞theの使い方も、アメリカ英語とイギリス英語では異なる場合がよくあります。

「彼女は入院している」

　米：She's in **the** hospital.　　英：She's in hospital.

「今後はまず私に言ってください」

　米：In **the** future, please talk to me first.

英：In future, please talk to me first.

「最初は完璧にうまくいったんだ」

 米：It worked perfectly **the** first time.

 英：It worked perfectly first time.

過去時制

 過去のことについて言う場合、アメリカ英語では**単純過去**を使うのに対して、イギリス英語では**完了形**を使う傾向があります。

「彼女はすぐに真実を悟った」

 米：She soon realized the truth.

 英：She had soon realized the truth.

「とても楽しかったです」

 米：We had a great time.

 英：We've had a great time.

「あの本を持ってきた？」

 米：Did you bring the book?

 英：Have you brought the book?

「私の眼鏡を見なかった？」

 米：Did you see my glasses?

 英：Have you seen my glasses?

 ただし、過去のある時点で終わった動作について言う時には、アメリカ英語でも過去完了を使います。

 I had just turned seventeen when we met.（僕らが出会った時、僕は17歳になったばかりだった）

否定

否定の意味を表す場合、アメリカ英語では、"I haven't..." のように、**主語の後に助動詞＋否定語の短縮形(n't)**をつけます。イギリス英語では、"I've not..." のように、**主語＋助動詞の短縮形('ve、'dなど)の後に否定語(not)**をつけるのがふつうです。

「彼女とは長いこと会っていない」
　米：I haven't seen her in ages.
　英：I've not seen her in ages.
「そこには一度も行ったことがなかった」
　米：We hadn't been there before.
　英：We'd not been there before.
「着ていける服が全然ない」
　米：I don't have a thing to wear.
　英：I've not got a thing to wear.

動詞

何かの動作を表現する場合、アメリカ英語ではその動作を表す**動詞**を使うのに対して、イギリス英語では行われた動作を示す**名詞**がよく使われます。

「ああ、びっくりしたじゃないか！」
　米：Oh, you **frightened** me!
　英：Oh, you gave me a **fright**!
「明日、彼に話しておくわ」

米：I'll **talk** to him tomorrow.

英：I'll have a **word** to him tomorrow.

「日曜日は朝寝をしました」

米：We **slept in** on Sunday.

英：We had a **lie-in** on Sunday.

「食事の前に顔と手を洗いたいな」

米：I'd like to **wash up** before we eat.

英：I'd like to have a **wash** before we eat.

Big Mistake!

wash upは、イギリス英語では「皿を洗う」の意味ですが、アメリカ英語では「顔や手を洗う」の意味です。「皿洗いを手伝おうか？」のつもりで"Can I help you wash up?"と申し出ても、相手がアメリカ人だったら、「子供でもあるまいしけっこうよ」と言われてしまうでしょうね！

getとturnとgo

変化や移行を表す時、アメリカ英語では形容詞の前に**get**や**turn**を使い、イギリス英語では**go**を使う傾向があります。

「夕食が冷めますよ」

米：Your dinner's **getting** cold.

英：Your dinner's **going** cold.

「ちょっと寒くなってきたな」

米：The weather's **turning** cold.

英：The weather's **gone** a bit cold.

「ミルクが酸っぱくなっている」

　米：The milk's **turned** sour.

　英：The milk's **gone** off.

ただし、アメリカ英語でもgoを使うケースはあります。

「お肉が腐ってしまった」

　米：The meat's gone bad.

　英：The meat's gone off.

助動詞

　助動詞の使い方にも違いがあります。アメリカ英語でshouldやwillを使う文で、イギリス英語ではshallを使います。また、アメリカ英語でshouldn'tを使う文で、イギリス英語ではmustn'tを使います。反対に、イギリス英語でshouldを使う文では、アメリカ英語ではwouldを使います。

「もう行こうか？」

　米：**Should** we go now?

　英：**Shall** we go now?

「彼女に聞かなきゃならないだろうな」

　米：**I'll** have to ask her.

　英：I **shall** have to ask her.

「そんなことをしちゃいけないよ」

　米：You **shouldn't** do that.

　英：You **mustn't** do that.

「もし…でも驚かないだろう」

　米：I **wouldn't** be surprised if...

英：I **shouldn't** wonder if...

　また、アメリカ英語では助動詞を使わないものの、イギリス英語ではwouldやshouldを使うケースもあります。
「彼らはすぐに支払うよう彼女に迫った」
　米：They demanded that she pay immediately.
　英：They demanded that she **should** pay immediately.
「それで大丈夫だと思うよ」
　米：I imagine that will be all right.
　英：I **should** imagine that will be all right.

Caution!

イギリス英語では「私は…と思う」の意味で"I reckon..."をよく使いますが、これはアメリカでは南部の方言で、まるでカウボーイの真似でもしているように聞こえてしまいます。アメリカ英語ではfigureやthink、guess、imagineなどを使います。

Caution!

イギリス英語では「…しなくてもよい」の意味で**needn't**を使いますが、この語はアメリカ英語にはありません。アメリカでは**don't have to**を使います。(例)You don't have to shout!(叫ばなくても聞こえるよ!)

fixについて

何かをどこかに「取りつける」という意味で、イギリス英語

ではfixをよく使いますが、アメリカ英語ではものや状況に応じてstick（くっつける）、put（置く、すえる）、attach（取りつける）、fasten（固定する）、hang（つるす）、secure（固定する）といった語を使います

イギリス英語では「修理する」の意味でmendを使いますが、アメリカ英語ではfixがよく使われます。（例）Can you fix my bike?（私の自転車を直してもらえますか？）アメリカ英語でmendを使うのは、「洋服や布製品を修理する」つまり「つくろう」の意味に限られます。

名詞

複数のものからなる集団や組織を表す**「集合名詞」**は、イギリス英語では**複数扱い**となることが多いですが、アメリカ英語では一般に**単数扱い**です。ただし、そのグループ内のメンバーについて言う場合は、アメリカ英語でも複数扱いとなります。

「新政権は非常に評判が悪い」
　米：The new government **is** very unpopular.
　英：The new government **are** very unpopular.
「うちの家族はこの夏ヨーロッパへ行きます」
　米：My family **is** going to Europe this summer.
　英：My family **are** going to Europe this summer.
「フォードは間もなくニューモデルを発売する予定だ」
　米：Ford **is** bringing out the new models soon.
　英：Ford **are** bringing out the new models soon.

Big Mistake!

集合名詞を複数扱いすると、アメリカ人にとっては、ちゃんと教育を受けていない人、という印象になってしまいます。

★ 日付と時間

「年月日」の表記は、アメリカでは常に**「月、日、年」**の順番になります。一方、イギリスでは**「日、月、年」**の順番も使われます。文字で書く場合には/(スラッシュ)で区切るか、下のように日と年の間にカンマを打ちます。イギリス英語ではカンマは打ちません。

「2001年9月12日」
  米：9/12/01 または September 12, 2001
  英：12/9/2001 または 12 September 2001

時間を表す場合は、11:59 のように、時と分の間にコロンを入れて表記します。アメリカ人は基本的に**24時間表記は使いません**。16:30が4:30 p.m.のことだと理解できるのは、アメリカでは軍人だけと覚えておきましょう。

時刻を告げたりたずねたりする言い方にも、米英にはこんな違いがあります。
「今6時半です」
  米：It's six-thirty. / It's half past six.
  英：It's half (past) six.
「今何時かわかりますか？」

米：Do you have the time?

英：Have you got the time?

「今何時でしょうか？」

米：What time do you have?

英：What time do you make it?

quarter(15分)を使った言い方もあります。イギリス英語ではquarterの前に不定冠詞のaはつけませんが、アメリカ英語ではふつうaをつけます。

「3時15分に会いましょう」

米：I'll see you at **a** quarter after(past) three.

英：I'll see you at quarter past three.

「彼女は8時15分前に出発した」

米：She left at **a** quarter to(of) eight.

英：She left at quarter to eight.

たとえば「5時半」をイギリス英語ではよくhalf past fiveと言いますが、アメリカではfive thirtyと言うのがふつうです。また、「今何時ですか？」の意味で、イギリス人は"What's the time?"と言うことがありますが、アメリカでは"What time is it?"のほうが一般的です。

fartherとfurtherについて

「さらに、もっと(遠くへ、先へ)」を意味する**farther**と**further**については、アメリカ人はイギリス人よりも厳密に使い分けます。少なくとも、厳密に使い分けなくてはならないのだという意識を持っています。

fartherは物理的な距離を表すのに使われます。

The grocery store is **farther** than the mall. (食料品店はショッピングセンターよりも遠くにある)

一方、**further**は時間、量、程度などを表す場合に使われます。

The police looked **further** into his past. (警察は彼の過去をさらに詳しく調べた)

句読点

句読点(punctuation marks)には、米英で名前が異なるものがけっこうあります。混同しやすいので注意しましょう。

	American	**British**
ピリオド(.)	period	full stop
引用符(" " ' ')	quotation mark / quote	inverted comma
感嘆符(!)	exclamation point	exclamation mark
丸括弧(( ))	parenthesis	bracket
角括弧([ ])	bracket	square bracket

引用符の使い方については、アメリカとイギリスではルールが逆と覚えておきましょう。アメリカでは、引用は二重引用符(" ")で挟み、引用の中の引用は一重引用符(' ')で挟みます。これに対して、イギリスでは引用には一重引用符、引用の中の引用には二重引用符を用います。また、カンマやピリオドは、アメリカ英語では引用符の**内側**に打ち、イギリス英語では引用符の**外側**に打ちます。

「ジャンは、"ママはいつも言うんだ、知らない人の言うことを信じちゃだめって"と言った」
- 米：Jan said, "My mother always told me, 'Never trust a stranger.'"
- 英：Jan said, 'My mother always told me, "Never trust a stranger".'

アメリカ英語の**period**とイギリス英語の**full stop**は、ともに「もうおしまい」という意味の慣用句としても使われます。
「彼女が無言だったってどういうこと？」
「とにかく話そうとしないんだ、以上！」
- 米："What do you mean she was quiet?"
  "She didn't talk, period!"
- 英："What do you mean she was quiet?"
  "She didn't talk, full stop!"

スペリングについて

アメリカ英語とイギリス英語では、つづり（spelling）の異なる単語がたくさんあります。ここでは、つづりの違いの主な特徴をまとめてみました。

イギリス英語で **-ou-** のある語は、アメリカ英語では **u** がなく **-o-** だけとなる。

「お気に入りの」	米：favorite	英：favourite
「色」	米：color	英：colour
「かびが生えた」	米：moldy	英：mouldy

ただし、-ousで終わる語は例外。たとえば、米・英ともにfamous（有名な）、marvelous（すばらしい）となる。

イギリス英語で **-re** で終わる語は、アメリカ英語では **-er** となる。

「中心」	米:center	英:centre
「劇場」	米:theater	英:theatre
「メートル」	米:meter	英:metre
「口径」	米:caliber	英:calibre

イギリス英語で **-ise** や **-yse** で終わる語（およびその派生語）は、アメリカ英語では **s** が **z** になる場合が多い。

「気がつく」	米:realize	英:realise
「暗記する」	米:memorize	英:memorise
「組織」	米:organization	英:organisation
「分析する」	米:analyze	英:analyse

イギリス英語で二重子音（同じ子音が2つ連続すること）のある語は、アメリカ英語では子音ひとつになるものが多い。

「旅慣れた」	米:traveled	英:travelled
「崇拝された」	米:worshiped	英:worshipped
「宝石」	米:jewelry	英:jewellery
「消耗させる」	米:grueling	英:gruelling
「ヒレ肉」	米:filet	英:fillet

ただし、イギリス英語では子音ひとつだがアメリカ英語では二重子音、という例もある。（こういったことがあるので、ちゃんとした辞書を買うことをおすすめします）

| 「加入、登録」 | 米:enrollment | 英:enrolment |
| 「実行する」 | 米:fulfill | 英:fulfil |

イギリス英語で **ae** または **oe** のある語は、アメリカ英語では **e** となる場合が多い。

「食道」	米：esophagus	英：oesophagus
「血友病」	米：hemophilia	英：haemophilia
「白血病」	米：leukemia	英：leukaemia
「美的な」	米：esthetic	英：aesthetic

イギリス英語で動詞の過去分詞の末尾が **-t** の語は、アメリカ英語ではふつう **-ed** となる。

dream（夢を見る）	米：dreamed	英：dreamt
spill（こぼす）	米：spilled	英：spilt
learn（学ぶ）	米：learned	英：learnt
burn（燃える）	米：burned	英：burnt
spell（つづる）	米：spelled	英：spelt

ただし、wept、crept、kept、slept だけは例外で、アメリカ英語でも -t で終わる。（くどいようですが、動詞の不規則変化リストがちゃんと載っている辞書を買うのが一番ですよ！）

イギリス英語で中に**ハイフン**(-)のある語は、アメリカ英語ではハイフンがない場合が多い。

「協力する」	米：cooperate	英：co-operate
「毒性のない」	米：nontoxic	英：non-toxic
「南西」	米：southwest	英：south-west
「ハーフタイム」	米：halftime	英：half-time
「地図作製」	米：mapmaking	英：map-making
「仮面のような」	米：masklike	英：mask-like

イギリス英語で2語に分かれている語は、アメリカ英語では1語となる場合が多い。（もう辞書は買いましたか？）

| 「もう…ない」 | 米：anymore | 英：any more |
| 「永遠に」 | 米：forever | 英：for ever |

方向に関わる単語で、イギリス英語で末尾が **-wards** で終わる語は、アメリカ英語では **-ward** となる。ただし、-ward であっても[-ds]と発音することもある。

「前方」	米：forward	英：forwards
「…に向かって」	米：toward	英：towards
「後方」	米：backward	英：backwards
「その後」	米：afterward	英：afterwards

略語は、イギリス英語ではピリオドをつけないが、アメリカ英語では末尾にピリオドをつける。

（人の敬称）	米：Mr. / Mrs. / Ms.	英：Mr / Mrs / Ms
「セントルイス」	米：St. Louis	英：St Louis
「エトナ山」	米：Mt. Etna	英：Mt Etna

「…対…」を意味する versus の略記は、アメリカ英語では **vs.** イギリス英語では **v.** となる。

［著者］

ディレリ・ボルンダ・ジョンストン
(Dileri Borunda Johnston)

作家。メキシコ生まれ。アメリカでESL（第二言語としての英語）の教師を務めたあと、ロンドンに移り住む。

［訳者］

伊藤菜摘子 (いとう・なつこ)

翻訳家。おもな訳書にモーリス・グライツマン『海のむこうのサッカーボール』（ポプラ社）、ロディー・ドイル『ギグラーがやってきた！』（偕成社）などがある。

本文デザイン：畑中猛
編集協力：Debi Collis、大塚葉子

アメリカ人の英語
文化と言葉のまるわかりガイド

2006(平成18)年2月25日　第1刷発行

著者	ディレリ・ボルンダ・ジョンストン
訳者	伊藤菜摘子
発行者	大橋晴夫
発行所	日本放送出版協会
	〒150-8081 東京都渋谷区宇田川町41-1
	電話 03-3780-3308(編集)
	03-3780-3339(販売)
	http://www.nhk-book.co.jp
	振替 00110-1-49701
印刷	光邦
製本	藤田製本

定価はカバーに表示してあります。
落丁・乱丁本はお取り替えいたします。
Ⓡ〈日本複写権センター委託出版物〉
本書の無断複写(コピー)は、著作権法で認められた
場合を除き、著作権侵害となります。

Japanese Edition Copyright © 2006 Natsuko Ito
ISBN 4-14-035070-9 C0082　　Printed in Japan